公共数据资产的标准研究

岳华光　著

中国财经出版传媒集团
中国财政经济出版社
·北京·

图书在版编目（CIP）数据

公共数据资产的标准研究 / 岳华光著. -- 北京：中国财政经济出版社，2025. 4. -- ISBN 978 - 7 - 5223 - 3905 - 4

Ⅰ. F272. 7；F273. 4

中国国家版本馆 CIP 数据核字第 2025WV2545 号

责任编辑：彭　波　　　　　　责任校对：张　凡

责任印制：史大鹏

公共数据资产的标准研究

GONGGONG SHUJU ZICHAN DE BIAOZHUN YANJIU

中国财政经济出版社 出版

URL：http：//www. cfeph. cn

E - mail：cfeph@ cfeph. cn

社址：北京市海淀区阜成路甲 28 号　邮政编码：100142

营销中心电话：010 - 88191522

天猫网店：中国财政经济出版社旗舰店

网址：https：//zgczjjcbs. tmall. com

涿州汇美亿浓印刷有限公司印刷　各地新华书店经销

成品尺寸：170mm × 240mm　16 开　9. 25 印张　125 000 字

2025 年 4 月第 1 版　2025 年 4 月河北第 1 次印刷

定价：78. 00 元

ISBN 978 - 7 - 5223 - 3905 - 4

（图书出现印装问题，本社负责调换，电话：010 - 88190548）

本社图书质量投诉电话：010 - 88190744

打击盗版举报热线：010 - 88191661　QQ：2242791300

前 言

PREFACE

随着信息技术的飞速发展，公共数据资产已成为推动社会进步和经济发展的重要力量。财政部印发《关于加强数据资产管理的指导意见》，明确提出有序推进数据资产化，加强数据资产全过程管理。《数据要素X》三年行动计划（2024～2026年)》在推进数据资产化的过程中，特别强调了公共数据资产的开发利用和管理。通过制定具体的行动计划，旨在推动公共数据资产在经济社会发展中的更大作用。《2024年政府工作报告》也提出：深入推进数字经济创新发展的目标，其中就包括健全数据基础制度，大力推动数据开发开放和流通使用。这显示了政府对于公共数据资产的重视，并希望通过推动数据资产的开放和流通，进一步促进数字经济的发展。这些政策的密集出台体现了我国政府对公共数据资产的高度重视，也展示了在数字经济时代，我国致力于推动公共数据资产的合规高效流通使用，加强数据资产的全流程管理，并以此为契机，促进数字经济的高质量发展。

然而，由于公共数据资产具有复杂性和多样性，其管理和应用面临诸多挑战。制定公共数据资产的标准，对提升数据质量、促进数据共享和开放、加强数据安全保护具有重要意义。本书旨在构建一套科学、系统、实用的公共数据资产标准体系，为公共数据资产的管理、应用和发展提供有力支撑。

目录

CONTENTS

第1章

公共数据资产标准建设现状

1.1 公共数据资产及其标准

1.1.1 公共数据和公共数据资产

1.1.1.1 公共数据

数据作为一种新兴的生产要素，正在全方位地重塑生产方式、生活方式以及社会治理模式。近年来，党中央和国务院深刻认识到数字经济的巨大潜力，并将其提升至国家战略层面予以高度重视。而作为数据体系的一个重要子集，公共数据不仅体现了数据的公共性和共享性，更承载着推动社会透明化、优化公共服务、支持科学研究等多重使命，是连接政府与社会、促进数据价值最大化的关键桥梁。

对于“公共数据”，我国各级政府和地区通过多部法律规范对其进行了明确的定义。在国家层面，《中共中央、国务院关于构建数据基础制度更好发挥数据要素作用的意见》中，对“公共数据”的范畴进行了精准界定。即，涵盖各级党政机关、企事业单位在依法履行职责或提供公共服务过程中所产生的数据。这一界定不仅为公共数据的收集、管理和使用提供了法律依据，也进一步推动了数据资源的合理开发和有效利用。在《关于加强数据资产管理的指导意见》中，“公共数据”是指各级党政机关、企事业单位等经依法授权具有公共事务管理和公共服务职能的组织依法履职或提供公共服务过程中持有或控制的，预期能够产生管理服务潜力或带来经济利益流入的资源，这一定义明确将公共数据资产纳入资产管理范畴。《中共中央办公厅、国务院办公厅关于加快公共数据资源开发利用的意见》明确指出，“公共数据”是各级党政机关、企事业单位依法履职或提供公共服务过程中产生的，是国家重要的基础性战略资源，这一定义强调了公共数据的来源和性质。

在地区层面，《浙江省公共数据条例》作为全国首部以公共数据为主题的地方性法规，其第三条规定：本条例所称公共数据，是指本省国家机关、法律法规规章授权的具有管理公共事务职能的组织以及供水、供电、供气、公共交通等公共服务运营单位，在依法履行职责或者提供公共服务过程中收集、产生的数据。根据本省应用需求，税务、海关、金融监督管理等国家有关部门派驻浙江管理机构提供的数据，属于本条例所称的公共数据。《广东省公共数据管理办法》是广东首部省级层面关于公共数据管理的政府规章，在国内首次明确将公共服务供给方数据纳入公共数据范畴、首次在省级立法层面真正落实“一数一源”、首次明确数据交易标的等。其第三条规定：公共数据，是指公共管理和服务机构依法履行职责、提供公共服务过程中制作或者获取的，以电子或者非电子形式对信息的记录。《北京市公共数据专区授权运营管理办法》第三条规定：公共数据是指本市各级国家机关、经依法授权具有管理公共事务职能的组织，在履行职责和提供公共服务过程中处理的各类数据。《上海市数据条例》第二条规定：公共数据，是指本市国家机关、事业单位，经依法授权具有管理公共事务职能的组织，以及供水、供电、供气、公共交通等提供公共服务的组织，在履行公共管理和服务职责过程中收集和产生的数据。《江苏省公共数据管理办法》第二条规定：公共数据，是指本省各级行政机关、法律法规授权的具有管理公共事务职能的组织、公共企事业单位为履行法定职责、提供公共服务收集、产生的，以电子或者其他方式对具有公共使用价值的信息的记录。《山东省公共数据开放办法》与其他地方现有公共数据开放立法相比，适用范围更全面。其第二条规定：公共数据，是指国家机关、法律法规授权的具有管理公共事务职能的组织、具有公共服务职能的企业事业单位、人民团体等在依法履行公共管理职责、提供公共服务过程中，收集和产生的各类数据。

在对比不同政策文件对“公共数据”的定义后，我们可以明确，“公共数据”主要指的是以电子或非电子形式记录的信息，它具备两个核心特性——首先，这些数据的生产者或收集者必须是公共管理和服务机构，这涵盖了国家机关、事业单位，以及那些依法获得授权，负责管理公共事务或提供公共服务的组织。其次，公共数据必须是在依法履行公共管理职责或提供公共服务的过程中产生和收集的。

1.1.1.2 公共数据资产

由公共管理和服务机构拥有或控制的公共数据，进行收集、处理、存储，并通过确权、估值、入表和交易等手段，即可将具有潜在价值的公共数据资源转化为可识别的公共数据资产，变成能够为社会和经济发展带来价值。这些数据资产不仅包括由企业拥有或控制的数据资源，而且扩展到了由政府或其他公共机构持有的数据，这些数据具有潜在的商业价值，可以通过有效的管理和利用，为各种组织和个人带来经济利益。因此，在本书中，我们所研究的“公共数据资产”，是指由公共管理和服务机构在依法履行职责或提供公共服务过程中收集、产生的数据，这些数据以物理或电子方式记录，由特定主体合法拥有或控制，并能够在未来一定时期内为主体带来经济利益。公共数据资产的定义深刻蕴含了四大核心要素，这些要素共同勾勒出其本质与重要性。

一是生成与源泉。公共数据资产主要根植于公共管理与服务体系的沃土之中，由国家机关、肩负公共事务管理职责的组织，以及公共服务的运营实体等多元主体在依法执行职能或供给公共服务的进程中汇聚而成。这些数据广泛涵盖了税务、海关、金融监管等关键领域，由国家相关部门派驻的管理机构直接提供，构成了数据资产的重要来源。

二是权属与管理。这些数据资产被明确界定为由特定主体——公共管理与服务机构，依法拥有并掌控的宝贵资源。这一权属安排不仅体现了法律的威严与数据的神圣，更确保了数据资产在合法框架内的稳定与安全，为其后续的应用与流转奠定了坚实基础。

三是经济价值潜力。公共数据资产承载着未来经济利益的期许，预示着它们能够在可预见的时段内，为持有者带来显著的经济回报。通过深度数据分析、数据交易等多元化途径，这些数据资产的价值得以充分挖掘与释放，为持有者创造持续的经济增长点。

四是记录形态与载体。在记录方式上，公共数据资产展现出了灵活多样的特性，既可以是传统纸质形式的记载，也可以是现代电子化的数据库、文档等数字形态。无论何种形式，关键在于这些数据资产必须能够被准确无误地识别、便捷高效地读取以及广泛深入地应用，以满足不同场景下的需求。

公共数据资产不仅是数字时代不可或缺的宝贵资源，更是推动经济发展与社会进步的重要驱动力。因此，确保这些数据的合法收集、高效利用与严格保护，对于促进社会经济的繁荣与稳定具有不可估量的价值与意义。

1.1.2 公共数据资产标准

1.1.2.1 数据标准

《国家数据标准体系建设指南》（发改数据〔2024〕1426号）提出，到2026年年底，基本建成国家数据标准体系，以数据“供得出、流得动、用得好、保安全”为指引，构建数据标准体系，该指南中数据标准体系结构包括基础通用、数据基础设施、数据资源、数据技术、数据流通、融合应用、安全保障等7个部分。具体到数据标准（Data Standards），GB/T 36344—2018信息技术数据质量评价指标对“数据标准”定义为：数据的命名、定义、结构和取值规范方面的规则和基准；GB/T 36073—2018数据管理能力成熟度评估模型，对“数据标准”定义为：数据的命名、定义、结构和取值的规则；ISO/IEC 11179信息技术·元数据的注册中，“数据标准”是关于数据的内容、格式和结构的规则和指南，用于确保数据的一致性、准确性和完整性；DAMA数据管理知识体系（DAMA－DMBOK）中定义，“数据标准是用于定义、管理和控制数据的一致性和质量的规范、指南和规则。这些标准包括数据定义、数据格式、数据命名和数据编码等方面。”

从以上权威定义我们可总结得出，数据标准是对特定数据元素的定义和规范，用于确保数据在不同系统、应用程序和组织之间的一致性和可交互性。在本书中，我们定义“数据标准”——是关于数据内容、格式、结构及其管理和使用的规则和指南，用于确保数据的一致性、准确性、完整性和互操作性。

在数据标准基础上，结合数据的特征，延伸出来大数据标准的定义。大数据标准指的是规模化数据的标准，大数据标准建设比较完善。2014 年 12 月，全国信标委成立全国性的大数据标准工作组，负责制定和完善我国大数据领域标准体系，组织开展大数据相关技术和标准研究，承担国家、行业标准制修订计划任务，宣传、推广标准实施。同年贵州省发布《贵州省大数据产业发展应用规划纲要（2014 ~ 2020 年）》，将健全大数据标准规范体系作为发展大数据产业的重要路径。2015 年 9 月，国务院发布的《促进大数据发展行动纲要》，提出“推进大数据产业标准体系建设”“开展标准验证和应用试点示范，建立标准符合性评估体系”“积极参与相关国际标准制定工作”等具体任务。2016 年，工信部印发《大数据产业发展规划（2016 ~ 2020 年）》，将“推进大数据标准体系建设”纳入重点任务之一。2021 年 11 月，工信部又发布《“十四五”大数据产业发展规划》，将“标准引领作用显著增强”作为“十四五”期间大数据产业发展的重要目标。

可见，大数据标准起步较早，且形成了较为有效的标准，如大数据白皮书（2022）、大数据标准化白皮书（2023）等，大数据标准化白皮书处在持续更新中，较早的 2014 年版本基本内容包括基础标准、数据安全标准、产品和平台标准、数据处理标准、数据质量标准、应用和服务标准几个方面，在2016年版中增加了管理标准，在2023年版中，将管理标准修订为治理与管理标准，并将数据要素流通标准纳入其中，应该说其适用范围比较广泛，涉及的标准内容更为全面。

1.1.2.2 数据技术标准

《国家数据标准体系建设指南》（发改数据〔2024〕1426号）提出的数据标准体系结构中，数据技术标准被详尽地划分为多个关键领域，旨在全面覆盖数据生命周期内的各项技术活动，主要包括数据汇聚技术、数据处理技术、数据流通技术、数据应用技术、数据运营技术、数据销毁技术等。其中，数据汇聚技术标准主要规范多类型数据的采集和接入汇聚技术，以及多源异构数据接入、格式转换、资源调度的技术要求，包括数据采集、数据解析、数据提取、数据接入、数据传输等技术要求标准。数据处理技术标准主要规范数据存储、计算、加工的技术要求，包括数据存储、数据仓储管理、数据清洗、数据分析、数据挖掘、数据批流计算、数据分布式处理、数据识别等技术要求标准。数据流通技术标准主要规范数据接口、标识、管控等的技术要求，包括数据接口、数据标识、跨域管控、数据血缘等技术要求标准。数据应用技术标准主要规范各行业领域数据融合应用的技术要求，包括支撑行业领域数据技术要求、应用服务要求等标准。数据运营技术标准主要规范数据高效运营的技术要求，包括数据动态监测、数据需求分析、数据交互、数据交付、数据使用服务和处置等技术要求标准。数据销毁技术标准主要规范数据有效销毁的技术要求，包括数据销毁处理等技术要求标准。

《大数据标准化白皮书》作为大数据领域的重要标准化文档，其数据标准与《国家数据标准体系建设指南》中的数据技术标准具有高度的互补性。全国信息技术标准化技术委员会大数据标准工作组、中国电子技术标准化研究院编写的《大数据标准化白皮书》（2020 年版），其大数据标准体系框架中对数据技术标准定义为：主要针对大数据通用技术进行规范。其包括大数据集描述、大数据生存周期处理技术、大数据开放与互操作技术、面向领域的大数据技术四类。其中，大数据集描述标准主要针对多样化、差异化、异构异质的不同类型的数据建立标准的度量方法，以衡量数据质量；大数据生存周期处理技术标准主要针对大数据产生到其使用终止这一过程的关键技术进行标准制定，包括数据采集、数据预处理、数据存储、数据分析、数据可视化、数据访问等标准；大数据开放与互操作标准主要针对不同功能层次功能系统之间的互联与互操作机制、不同技术架构系统之间的互操作机制、同质系统之间的互操作机制等相关标准以及通用数据开放共享技术框架等标准进行研制；面向领域的大数据技术标准主要针对电力行业、医疗行业、电子政务等领域或行业的共性且专用的大数据技术标准进行研制。

1.1.2.3 公共数据资产标准

财政部《关于加强数据资产管理的指导意见》指出，完善数据资产相关标准，要推动技术、安全、质量、分类、价值评估、管理运营等数据资产相关标准建设。本书研究的“公共数据资产标准”既是落实财政部政策文件要求，也是在国家政务大数据标准体系框架和国家标准建设要求下，以国家标准为核心基础、以地方标准和行业标准为有效补充，积极推动形成规范统一、高效协同、支撑有力的全国一体化政务大数据标准体系的具体贯彻。

本书中，我们所认为的公共数据资产标准，是为规范公共数据资产的认定、管理、利用和流通而制定的一系列规则和标准。这些标准旨在确保公共数据资产的安全性、可靠性、可用性和合规性，促进数据资源的有效利用和共享。财政部发文所要求的相关数据资产标准建设，通常包括以下几个方面。

一是公共数据资产技术标准：主要涉及数据格式、编码规则、接口规范、数据传输协议等方面，确保不同系统间数据的有效交换与共享。即，通过统一的数据格式、编码规则、接口规范和技术协议，确保不同系统和平台间公共数据的有效互操作性和无缝衔接，促进数据的流通与共享。

二是公共数据资产安全标准：旨在保护数据免受未经授权的访问、使用、泄露、篡改或销毁。即，建立全面的数据安全保障体系，包括访问控制、数据加密、脱敏处理及安全审计等措施，确保公共数据在收集、存储、处理和传输过程中的机密性、完整性和可用性。

三是公共数据资产质量标准：明确数据质量的标准和要求，包括准确性、完整性、一致性、时效性和可访问性等维度，以保障公共数据的高质量和可靠性，为决策和分析提供坚实基础。

四是公共数据资产分类标准：是对数据进行合理分类和组织，以便更有效地管理和利用。即，根据数据的主题、生命周期、敏感度等特征进行分类，实现数据的有序组织和高效管理，便于用户快速定位和获取所需数据，提升数据利用效率。

五是公共数据资产价值评估标准：价值评估标准用于衡量数

据资产的潜在价值和应用效果。即，构建科学的价值评估体系，从经济、社会、科研等多个维度衡量公共数据的潜在价值和应用效果，为数据资源的优化配置和有效利用提供决策支持。

六是公共数据资产管理运营标准：建立系统化的管理运营模式，覆盖数据采集、处理、存储、共享、利用和销毁等全生命周期，通过数据治理、质量监控、共享政策制定和资产化探索等手段，全面提升公共数据资产的管理水平和运营效率。

值得说明的是，前述标准为公共数据资产的管理和利用提供了基础框架和指导原则，确立了数据处理的基本准则，确保数据在技术上可互操作、安全上可控、质量上可靠、分类上合理、价值上可衡量以及运营上高效。然而，要实现公共数据资产的全面标准化体系，还需要进一步细化和拓展至更为具体的执行层面，以覆盖公共数据资产的全生命周期管理，包括确认、流通管理以及运营等关键环节。因此，在本书 3.2 节中，我们将基于前述 6 个标准方面进一步扩展并细化为确认、流通管理和运营、技术 4 个大模块，共计 22 个子标准。这样的体系划分不仅体现了从宏观指导到微观执行的逻辑递进，也反映了从数据生成、确权到最终开发利用和市场流通的全流程管理需求。例如，在公共数据资产确认标准中，我们制定了详细的目录建设和权属登记标准，明确了数据的归属和使用权限，避免了因权属不清而导致的数据滥用问题；在公共数据资产流通管理标准方面，我们引入了分类分级、开放共享以及流通标准，确保数据在不同部门间的有效传递和合理使用；此外，针对数据资产的开发标准，我们明确了数据加工和处理的原则，确保数据在二次利用中依然保持其原始价值和合规性。通过这种细化，我们能够更精确地指导公共数据资产的实际操作和管理，确保数据资产能够在保障安全和隐私的前提下，更好地服务于公共数据资产的管理和使用，使得政府、企业和社会能够共同受益，实现其最大的社会和经济价值（见表1-1）。

表1-1　　　　公共数据资产标准体系

公共数据资产标准体系	子标准
公共数据资产确认标准（5个）	公共数据资产目录建设标准、公共数据资产权属登记标准、公共数据资产授权标准、公共数据资产质量评价标准、公共数据资产价值评估标准
公共数据资产流通管理标准（6个）	公共数据资产分类分级标准、公共数据资产开放共享标准、公共数据资产流通标准、公共数据资产交易标准、公共数据资产开发标准、公共数据资产数据安全与隐私保护标准
公共数据资产运营标准（5个）	公共数据资产定价标准、公共数据资产使用标准、公共数据资产监管标准、公共数据资产收益分配标准、公共数据资产绩效评价标准
公共数据资产技术标准（6个）	网络技术标准，收集、生成和存储技术标准，加密技术标准，备份技术标准，分析技术标准，销毁技术标准

数据标准、数据技术标准与公共数据资产标准存在较强的关联，数据标准和数据技术标准是实现数据资源搜寻、整理、开发和利用的基础，是实现数据资产管理的前提，与之相对应的标准，共同构成了公共数据资产标准的底座。

综上所述，公共数据资产标准是公共数据成为数据资产之后，对其开发、利用和运营进行规范的制度安排，它是建立在大数据有较为规范的标准体系后，数据技术比较成熟、有相应的技术支撑和安全保障后，出现的更为高阶的规范标准。

1.2 公共数据资产标准建设现状

1.2.1 公共数据资产标准建设的需求分析

1.2.1.1 政策需求

在2023年的尾声，湖南省衡阳市与怀化市相继发生的两起重大事件——衡阳市原定于11月进行的18亿元地方公共数据特许经营权拍卖的突然暂停，以及随后怀化市在12月成交的3亿元城市数据特许经营权转让项目的意外终止，此两件重大新闻激起了社会公众对于公共数据授权运营与“数据财政”等议题的热烈讨论。这两起事件不仅凸显了当前城市数据特许经营权项目在运营中面临的挑战与风险，更揭示了一个亟待解决的紧迫问题：如何确保公共数据在授权运营过程中的合理定价与规范运营。面对这一局面，公共数据资产领域急需国家和政府层面出台相关政策文件、指导意见以及标准规范，以提供明确的指引和支持。

1.2.1.2 技术需求

在技术方面，公共数据资产标准建设需要关注技术创新和标准化发展。通过引入先进的技术手段和方法，可以提高数据处理和分析的能力，确保数据质量和安全。同时，制定统一的技术标准和规范，有助于推动技术的普及和应用。公共数据资产标准建设需要确保数据的互操作性和兼容性。通过制定统一的数据格式、编码和接口规范，可以实现不同系统之间数据的无缝对接和高效利用。公共数据资产标准建设需要关注数据质量和准确性的保障。通过采用先进的数据清洗、验证和校验技术，确保数据的准确性、完整性、一致性和可靠性。此外，需要建立数据质量监控和评估机制，定期检查和评估数据质量，及时发现和纠正数据问题。

1.2.1.3 业务需求

在业务方面，公共数据资产标准建设需要紧密围绕业务需求展开，确保数据能够准确、高效地支撑政府各部门和公共机构的业务运作。不同业务领域对数据的需求和使用方式存在差异，因此标准建设需要充分考虑这些差异，制定符合业务需求的数据标准。在现代政府管理中，跨部门协作和数据共享已成为常态。公共数据资产标准建设需要促进不同部门之间的数据共享和互通，打破“信息孤岛”，提高数据资源的利用效率。通过制定统一的数据标准和接口规范，确保不同部门之间的数据能够无缝对接和高效整合。同时，标准建设还需要关注数据的时效性和准确性，确保决策所依据的数据是最新、最准确的。

1.2.1.4 安全需求

在安全方面，公共数据资产标准建设需要高度重视数据安全保护。通过制定严格的数据安全标准和规范，可以确保数据在收集、处理、存储和使用过程中的安全性。同时，加强数据访问控制和审计机制，防止数据泄露和滥用。公共数据资产标准建设需要建立完善的风险管理机制和应对策略。通过识别、评估和监控数据安全风险，制定相应的预防和应对措施，确保数据资产的安全性和完整性。

1.2.2 现有公共数据资产标准体系梳理

1.2.2.1 国家层面的相关规范

我国高度重视公共数据资源体系的建设和公共数据资产的标准化工作，先后发布了《中华人民共和国国民经济和社会发展第十四个五年规划和2035年远景目标纲要》《“十四五”大数据产业发展规划》《“十四五”数字经济发展规划》《关于构建数据基础制度更好发挥数据要素作用的意见》等政策文件。重点强调公共数据资产标准化建设。此外，中共中央、国务院印发《数字中国建设整体布局规划》、财政部发布《关于印发〈企业数据资源相关会计处理暂行规定〉的通知》、中国资产评估协会制定《数据资产评估指导意见》、国家数据局出台《数据要素×三年行动计划（2024～2026年）》、中共中央办公厅、国务院办公厅《关于加快公共数据资源开发利用的意见》等系列政策文件也逐步建立和完善我国数据基础制度体系，为公共数据资产标准的制定和实施提供了有力保障。国家标准委在数据要素领域也出台了系列标准和规范，为数据要素市场的健康发展提供了有力支撑，规范了数据要素的生产、流通、利用和安全等环节。

通过对国家层面公共数据资产标准体系相关规范的梳理，可以将现有文件所涉及的内容总结为以下8个方面的内容。同时，针对文件内容的区别，进一步将相关文件划分为公共数据标准和公共数据资产标准两类，如表1－2所示。

表1－2　国家规范所涉及内容及对应文件

内容与要求	公共数据标准涉及文件	公共数据资产标准涉及文件
数据资源开发利用	《关于加快公共数据资源开发利用的意见》《国家数据标准体系建设指南》《“数据要素×”三年行动计划（2024～2026年）》《工业和信息化领域数据安全管理办法（试行）》等	《数字经济促进共同富裕实施方案》《关于加强数据资产管理的指导意见》《国务院“十四五”数字经济发展规划》等
数据要素市场化与流通	《国家数据标准体系建设指南》《“数据要素×”三年行动计划（2024—2026年）》《数字中国建设整体布局规划》等	《探索建立数据要素流通规则》《关于加强数据资产管理的指导意见》等
数据产权与收益分配	《国家数据标准体系建设指南》《中共中央、国务院关于构建数据基础制度更好发挥数据要素作用的意见》等	《关于加强数据资产管理的指导意见》等
数据标准化与评估	《国家数据标准体系建设指南》《“数据要素×”三年行动计划（2024～2026年）》《工业和信息化部“十四五”大数据产业发展规划》等	《关于加强数据资产管理的指导意见》等
数据要素治理	《国家数据标准体系建设指南》《关于构建数据基础制度更好发挥数据要素作用的意见》等	国务院国资委办公厅《关于优化中央企业资产评估管理有关事项的通知》等
数据资产会计处理	—	《企业数据资源相关会计处理暂行规定》等
数据资产监督与管理	《国家数据标准体系建设指南》等	《关于加强行政事业单位数据资产管理的通知》《企业数据资源相关会计处理暂行规定》《关于加强数据资产管理的指导意见》等

续表

内容与要求	公共数据标准涉及文件	公共数据资产标准涉及文件
数据安全与保护	《国家数据标准体系建设指南》《"数据要素 ×" 三年行动计划（2024—2026 年）》《工业和信息化领域数据安全管理办法（试行）》等	《关于促进数据安全产业发展的指导意见》《中华人民共和国数据安全法》《加快推进国企数字化转型的通知》《关于加强数据资产管理的指导意见》《企业数据资源相关会计处理暂行规定》《数字中国建设整体布局规划》《数据资产评估指导意见》等

（1）数据资源开发利用

具体包括：《关于加快公共数据资源开发利用的意见》——加快公共数据资源开发利用，充分释放公共数据要素潜能。《国家数据标准体系建设指南》——促进数据"供得出、流得动、用得好、保安全"。《数字经济促进共同富裕实施方案》——推动数字技术和实体经济深度融合，通过数字化手段促进解决发展不平衡不充分问题。《"数据要素 ×" 三年行动计划（2024 ~ 2026 年）》——发挥数据要素的放大、叠加、倍增作用，构建以数据为关键要素的数字经济。《工业和信息化领域数据安全管理办法（试行）》——规范工业和信息化领域数据处理活动，加强数据安全管理，保障数据安全，促进数据开发利用。《关于加强数据资产管理的指导意见》——加强数据资产管理，促进数据资产合规高效流通使用，构建共治共享的数据资产管理格局。《国务院"十四五"数字经济发展规划》——强调数字经济转向深化应用、规范发展、普惠共享的新阶段，推动数据资源开发利用。

（2）数据要素市场化与流通

具体包括：《国家数据标准体系建设指南》——数据标准体系

结构包括 A 基础通用、B 数据基础设施、C 数据资源、D 数据技术、E 数据流通、F 融合应用、G 安全保障等 7 个部分。《“数据要素×”三年行动计划（2024～2026 年）》——推动数据要素与劳动力、资本等要素协同，提高全要素生产率。《探索建立数据要素流通规则》——探索建立数据要素市场化配置体制机制，推动数据要素高水平应用。《关于加强数据资产管理的指导意见》——建立合规高效、场内外结合的数据要素流通和交易制度。《数字中国建设整体布局规划》——提出构建数据要素市场化配置改革行动方案，推动数据要素市场化配置。

（3）数据产权与收益分配

具体包括：《国家数据标准体系建设指南》——规范数据产权的结构性分置方法、衍生数据判别，数据确权的信息管理、登记程序、平台要求、技术要求等内容。《关于加强数据资产管理的指导意见》——探索建立数据产权制度，推动数据产权结构性分置和有序流通。《中共中央、国务院关于构建数据基础制度更好发挥数据要素作用的意见》——提出建立保障权益、合规使用的数据产权制度，探索数据产权结构性分置制度。

（4）数据标准化与评估

具体包括：《国家数据标准体系建设指南》——建立全国数据标准化技术组织，加快推进急用、急需数据标准制修订工作，强化与有关标准化技术组织、行业、地方及相关社团组织之间的沟通协作、协调联动，以标准化促进数据产业生态建设。《“数据要素×”三年行动计划（2024～2026 年）》——推动数据标准化建设，促进数据多场景应用。《关于加强数据资产管理的指导意见见》——推动数据资产评估标准和制度建设，规范数据资产价值评估。《工业和信息化部“十四五”大数据产业发展规划》——强调数据标准化建设，推动数据资源的标准化、规范化管理。

（5）数据要素治理

具体包括：《国家数据标准体系建设指南》——数据治理标准主要包括数据业务规划、数据质量管理、数据调查盘点、数据资源登记等标准。《关于构建数据基础制度更好发挥数据要素作用的意见》——构建适应数据特征、符合数字经济发展规律的数据基础制度，包括数据产权、流通交易、收益分配、安全治理等方面。国务院国资委办公厅《关于优化中央企业资产评估管理有关事项的通知》——涉及数据资产评估管理，强化数据要素治理。

（6）数据资产会计处理

具体包括：《企业数据资源相关会计处理暂行规定》——规范企业数据资源的会计处理，强化相关会计信息披露，为规范企业数据资源的会计处理提供了具体规定。明确数据资源会计处理的具体要求，包括数据资源的确认、计量和报告。

（7）数据资产监督与管理

具体包括：《国家数据标准体系建设指南》——规范数据管理参考模型、数据管理能力评估模型和数据管理能力评估方法等，为其他部分标准的制定提供综合管理支撑。《关于加强行政事业单位数据资产管理的通知》——加强行政事业单位数据资产管理，保障数据资产安全。《企业数据资源相关会计处理暂行规定》——对企业数据资源的会计处理进行规范。《关于加强数据资产管理的指导意见》——提出加强数据资产管理，确保数据资产的安全和合规使用，构建“市场主导、政府引导、多方共建”的数据资产治理模式。

（8）数据安全与保护

具体包括：《国家数据标准体系建设指南》——安全保障标准主要包括数据基础设施安全、数据要素市场安全、数据流通安全。《“数据要素×”三年行动计划（2024~2026年）》——坚持把安全贯穿数据要素价值创造和实现全过程。《关于促进数据安全产业发展的指导意见》——推动数据安全产业高质量发展。《工业和信息化领域数据安全管理办法（试行）》——加强工业和信息化领域数据安全管理。《中华人民共和国数据安全法》——确立数据安全法律框架，保障数据安全。《加快推进国企数字化转型的通知》——加强数据资产管理，提升数据安全保障能力。《关于加强数据资产管理的指导意见》——强化数据安全保障，严守数据安全底线。《企业数据资源相关会计处理暂行规定》——涉及数据资源的会计处理，间接关联数据安全。《数字中国建设整体布局规划》——构建安全可控、弹性包容的数据要素治理制度。《数据资产评估指导意见》——涉及数据资产评估过程中的数据安全和保护要求。

1.2.2.2 地方（省级）层面的相关规范

2023年，多个省市如浙江、广东、深圳、上海、江苏、山东、河北、重庆、黑龙江、四川以及北京等地纷纷出台地方立法，对公共数据产权的界定、数据的收集与归集流程、流通交易规则、监管治理机制以及数据安全保护等方面进行了积极的探索和实践。其中，最具代表性的立法成果包括《浙江省公共数据条例》《上海市数据条例》《四川省数据条例》以及《北京市公共数据专区授权运营管理办法》。特别是《浙江省公共数据条例》，是全国首部在公共数据领域制定的地方性法规，标志着我国在公共数据立法方面取得了重要突破。《上海市数据条例》明确指出各级政府部门在数据产业发展中应划分职能，鼓励各区、各部门、各企业事业单位建立首席数据官制度，同时由市人民政府设立以高校、科研机构、企业、相关部门的专家组成的数据专家委员会。《四川省数据条例》明确要建立全省统一的公共数据资源体系。

尽管这些地方性的公共数据立法在具体内容和实践方式上有所区别，但它们整体上都贯彻了“数据二十条”的核心精神。这一精神强调数据的汇聚共享和开放开发，通过强化统筹授权使用和管理，推动数据资源的有效利用。同时，这些立法也严格管控未依法依规公开的原始公共数据直接进入市场，确保数据的安全和合规性。地方性立法在探索和实践公共数据领域的过程中，不仅丰富了我国数据治理的体系，也为全国范围内的公共数据资产标准建设提供了有利的参考和借鉴。它们共同推动了我国公共数据领域法治化、规范化进程，为数字经济的健康发展奠定了坚实基础。通过对现有文件进行梳理，发现省级地方公共数据资产标准体系相关规范可分为两类。

第一类，明确提出建立统一的公共数据资产标准体系，并制定相关标准和技术规范的省级行政区。具体包括：

（1）贵州省：在《贵州省关于加强数字政府建设实施方案》

中提出，要建设完善全省一体化的数据资源体系，并优化提升数据服务平台能力。

（2）江西省：《江西省公共数据管理办法》中指出，要制定公共数据相关标准和技术规范。

（3）浙江省：《浙江省公共数据条例》中提出，要推进本省公共数据标准体系建设。

（4）广东省：《广东省公共数据管理办法》中提出，要会同标准化行政主管部门制定公共数据相关标准和技术规范。

（5）江苏省：《江苏省公共数据管理办法》中指出，要统筹本行政区域内公共数据资源管理工作，并制定公共数据相关标准和技术规范。

（6）山东省：《山东省公共数据开放办法》中提出，要建立使用财政资金的数字化项目管理机制。

（7）吉林省：《吉林省公共数据和一网通办管理办法（试行）》中指出，要加强全省公共数据和“一网通办”标准化建设。

（8）福建省：《福建省公共数据资源开放开发管理办法（试行）》中提出，要依托数字福建专家委员会成立公共数据资源开放开发专家组，负责开展公共数据资源开放开发风险研判、评估等工作。

第二类，在公共数据资产标准体系方面有具体措施或要求，但没有明确提出“统一的公共数据资产标准体系”这一表述的省级行政区。具体包括：

（1）北京市：《北京市数字经济促进条例》中提到了数据要素市场培育和数据资源的开放共享。

（2）天津市：《数据资产登记、存证、确权业务标准 T/TJI-FA003—2022》是天津市的一个业务标准，它提供了数据资产登记、存证、确权的标准化要求，这可以被视为在数据资产领域建立标准体系的一部分。

（3）上海市：《上海市数据条例》中提到了数据资源的开发利用和数据安全保护，以及数据标准化技术组织的建立，这表明上海市在推动数据标准化方面有所行动。

（4）重庆市：《重庆市数据条例》中提到了要推动数据资源的整合和数据要素市场的培育。

（5）广西壮族自治区：《广西公共数据开放管理办法》中提到了要推动建立数据交易平台。

（6）海南省：《海南省公共数据产品开发利用暂行管理办法》中指出，要建立本省统一的数据产品超市。

（7）新疆维吾尔自治区：《新疆维吾尔自治区公共数据管理办法（试行）》中提到了要制定公共数据分类分级规则。

（8）宁夏回族自治区：《宁夏回族自治区政务数据资源共享管理办法》中指出，要制定本行业公共数据分类分级实施细则。

（9）辽宁省：《辽宁省政务数据资源共享管理办法》中提到了要制定《政务数据资源目录编制指南》。

（10）山西省：《山西省政务数据资产管理试行办法》中指出，要建立政务数据资产登记管理制度和政务数据资产动态管理制度。

进一步地，将省级文件在公共数据资产标准体系方面的具体措施进行分类，可分为9类（见表1－3）。值得说明的是，数据管理等内容通常既包含在公共数据标准中，也包含在公共数据资产标准中，如数据管理是确保数据标准得以实施和资产价值得到合理利用的重要基础，因此多数省级行政区的文件都会同时涉及公共数据标准和公共数据资产标准中的下述内容，故而表1－3并不会再按照公共数据标准和公共数据资产标准进行省级行政区划分。

表1－3　　省级规范所涉及内容及对应省级行政区

内容与要求	涉及省级行政区
数据管理	北京、天津、上海、重庆、贵州、江西、浙江、广东、江苏、山东、吉林、福建、广西、海南、新疆、山西、安徽、湖北、云南等
数据开放与共享	北京、天津、上海、重庆、贵州、江西、浙江、广东、江苏、山东、吉林、福建、广西、海南、新疆、宁夏、安徽、云南等
数据安全	北京、天津、上海、重庆、贵州、江西、浙江、广东、江苏、山东、吉林、福建、广西、海南、新疆、山西、云南等
数据采集与归集	北京、天津、上海、重庆、江西、浙江、广东、江苏、山东、吉林、福建、广西、海南、新疆、宁夏、云南等
法律责任	北京、天津、上海、重庆、江西、浙江、广东、江苏、山东、吉林、福建、广西、海南、新疆、宁夏、云南等
数据分类分级	上海、广东、江苏、新疆等
价值评估	上海、福建等
会计处理	海南等
数据运营	上海、浙江、海南等

总结发现，各省级行政区在公共数据管理方面普遍关注数据管理、数据开放、数据安全、数据采集与归集、法律责任等关键要点。多数省级行政区都制定了相关的管理办法或条例，以规范公共数据的处理和使用，保障数据安全，并推动数据资源的有效利用。其中，福建省特别强调了成立专家组进行风险研判和评估工作；海南省则在会计处理方面有具体的规定，涉及数据产品收

益的财政预算管理。此外，一些省级行政区如广东和新疆还特别提到了数据分类分级的管理措施。然而，文件中并未明确提及数据资产计价和数据运营的具体做法，这可能是需要进一步明确的领域。

1.2.2.3 部分行业的相关规范

对现有行业规范进行梳理，发现医疗卫生、教育、金融、交通、自然资源、电信、文化和旅游、能源等行业已有相关规范。进一步地，将各行业领域的数据规范进行归纳，发现主要包含以下几个方面：数据分类与分级——根据数据的重要性和敏感性进行分类和分级；数据收集与归集——规定数据的收集原则、方法和责任主体；数据共享与开放——明确数据共享的原则、条件和程序；数据安全与保护——建立数据安全管理制度和操作规程，确保数据安全；数据应用与开发——鼓励数据的创新应用，提升数据的价值；数据评估与监测——定期进行数据安全风险评估和监测预警；监督管理与责任追究——建立了监督机制和责任追究制度，确保数据管理规定的执行。值得说明的是，《国家健康医疗大数据标准、安全和服务管理办法（试行）》《广州市教育数据资源管理办法（试行）》《陕西省教育数据管理办法（2021）》《交通运输政务数据共享管理办法（2021）》《自然资源领域数据安全管理办法（2024）》《文化和旅游部政务数据资源管理办法（试行）》《浙江省能源数据管理办法（2023 年）》（征求意见稿）这几份文件，更偏向于公共数据标准的行业文件，而对公共数据资产标准的相关内容表述相对较少。具体的内容与要求如表 1－4 所示。

表 1－4　部分行业规范所涉及内容及对应文件

行业领域	涉及文件	内容与要求						
		管理原则	数据定义	管理部门	数据分类	数据收集	数据应用	数据安全
医疗卫生行业	《国家健康医疗大数据标准、安全和服务管理办法（试行）》	以人为本、创新驱动、规范有序、安全可控、开放融合、共建共享	疾病防治、健康管理等过程中产生的健康医疗相关数据	国家卫生健康委员会	—	—	—	建立安全管理制度、操作规程和技术规范
教育行业	《广州市教育数据资源管理办法（试行）》《陕西省教育数据管理办法》	统筹规划、集约建设、汇聚整合、共享交换资源、有效应用、保障安全	—	—	实行统一目录管理	遵循合法、必要、适度原则	建立市教育专题数据资源池	建立应急响应和灾备恢复机制
金融行业	《中国人民银行业务领域数据安全管理办法（征求意见稿）》	谁管业务，谁管业务数据，谁管数据安全	—	—	一般、重要、核心三级	—	—	建立全流程数据安全管理制度
交通行业	《交通运输政务数据共享管理办法》	共享为原则，不共享为例外，需求导向，无偿使用	—	科技主管部门	—	—	通过共享平台实施	—

续表

行业领域	涉及文件	内容与要求						
		管理原则	数据定义	管理部门	数据分类	数据收集	数据应用	数据安全
自然资源领域	《自然资源领域数据安全管理办法》	保障数据安全，促进开发利用，保护合法权益，维护国家安全	—	自然资源部及地方监管部门	地理信息、自然资源调查监测、国土空间规划	—	—	分级管理
电信行业	《工业和信息化领域数据安全管理办法（试行）》	—	—	—	工业数据、电信数据、无线电数据	—	—	建立数据全生命周期安全管理制度
文化和旅游行业	《文化和旅游部政务数据资源管理办法（试行）》	—	—	文化和旅游部网络安全和信息化领导小组	—	—	—	—
能源行业	《浙江省能源数据管理办法》（征求意见稿）	推进绿色低碳发展，保障能源数据安全	—	—	能源公共数据和能源企业数据	—	能源主管部门可应用	建立能源数据安全保障机制

综合来看，国家、地方、行业三个层次的规范存在一些共性：一是数据资源的合理开发与利用，所有规范都强调了数据资源对于推动经济发展和社会进步的重要性，并鼓励其合理开发与利用；二是数据安全与保护，数据安全是所有规范的共同关注点，通过法律法规确立了数据保护的基本原则和措施；三是数据共享与开放，鼓励数据共享与开放，以提高数据的透明度和可用性，促进数据驱动型创新；四是数据标准化与评估，推动数据标准化，建立评估机制，确保数据质量和价值得到合理评价；五是监督管理与责任追究，建立监督管理体系和责任追究制度，确保规范得到有效执行。

但同时，国家、地方、行业三个层次的规范也存在一些差异性：国家规范提供宏观政策框架和指导原则，强调数据资源的全国性管理和战略部署，确立数据产权、市场化流通、收益分配等基础性制度；地方规范结合地区特色和实际需求，制定具体的实施细则和技术规范，强调地方数据资源的整合和管理，可能包含地方特有的数据分类、采集、利用等方面的规定；行业规范针对特定行业的数据特点和管理需求，制定具体的数据管理措施，强调行业内数据的专业化处理和应用，包含特定行业的数据安全要求、分类分级、应用开发等细节。

1.2.3 现有标准在公共数据资产中的应用状况

对于现有公共数据资产相关标准在各地公共数据管理和使用中的应用情况，整体来讲呈现出一种多元化、积极发展的态势。各省区市对公共数据有关行为的规范大致包括公共数据的收集、公共数据的共享、公共数据的开放、公共数据的利用以及安全与技术保障。尽管还存在一些挑战和不足，但各地在尝试将标准融入实际管理和使用过程中，取得了一些积极的成果。

1.2.3.1 制定公共数据目录编制规范

在公共数据收集领域，各地方政府普遍认同并采纳了目录管理制度，以确保数据收集过程遵循合法合规、数据质量、透明公开等核心准则。以《山东省公共数据开放办法》为例，其第十条明确指出："省人民政府大数据工作主管部门应对公共数据实行目录管理，并制定公共数据目录编制规范。"这一规定意味着省级主管部门不仅需要制定公共数据目录编制规范，还需要组织各级相关机构依据规范编制各自部门、体系和机构的公共数据目录。公共数据目录详细界定了相关数据的具体形式、共享内容、共享类型、共享条件、开放属性、更新频率以及数据的采集和核准等关键信息。这不仅为数据的有效利用和管理提供了清晰指引，也确保了数据在共享和开放过程中的规范性和有序性。

同时，各地政策文件均强调公共数据来源的合法性，强调必须尊重个人隐私和著作权，严禁采集和使用违法信息。此外，数据质量也是政策关注的焦点，要求确保数据的准确性、完整性和时效性，避免误导公众。在数据收集过程中，各地政策也倾向于公开透明，要求明确数据的采集目的、范围和方式，为公众提供必要的信息和说明。这不仅有助于提升公众对数据收集工作的信任度，也有助于确保数据收集工作的合法性和公正性。

1.2.3.2 有条件的实施公共数据"共享"和"开放"准则

在公共数据共享方面，各地方政府普遍认同公共管理和服务机构间应以共享为基本原则，不共享作为例外情况。基于此共识，《浙江省公共数据条例》《广东省公共数据管理办法》《江苏省公共数据管理办法》等多数规范进一步将公共数据细分为无条件共享类、有条件共享类和不予共享类。特别指出，若公共数据被列入有条件共享类和不予共享类，相关机关和机构需要明确阐述理由，并辅以相应的法律法规作为依据，否则该数据应归类为无条件共享。至于公共数据的开放，各地方政府均依据数据的开放属性将其划分为不予开放、有条件开放和无条件开放三类。其中，涉及国家安全、商业秘密、保密商务信息、个人隐私、个人信息，或受法律、法规、规章限制不得开放的，均属于不予开放的范畴。然而，此类数据并非绝对不可开放，经过脱敏处理或得到数据相对权利人的同意后，可以转化为有条件或无条件开放①。例如，《江西省公共数据管理办法》第十七条便明确了这一规定：不予开放类公共数据依法经过脱密、脱敏处理或者相关权利人同意开放的，可以列入无条件开放类或者有条件开放类。

1.2.3.3 积极推动公共数据交易规范化

在公共数据的利用方面，我国各地方政府正积极推动数据交易活动的规范化进行，以释放数据资产的潜在价值。《中共中央

---

① "地方数据规范"对比分析报告之公共数据篇［EB/OL］. 零壹财经 . https://www.163.com/dy/article/H3AKG8P905198086.html.

办公厅、国务院办公厅关于加快公共数据资源开发利用的意见》中鼓励探索公共数据授权运营；《促进和规范数据跨境流动规定》进一步规范和促进数据依法有序自由流动；此外，各地区也纷纷出台相应地方性法规和政策推动公共数据交易，如《广东省公共数据管理办法》第三十八条明确规定：省人民政府推动建立数据交易平台，引导市场主体通过数据交易平台进行数据交易。《山东省公共数据开放办法》第十六条规定：公民、法人和其他组织利用合法获取的公共数据开发的数据产品和数据服务，可以按照规定进行交易，有关财产权益依法受保护。这些措施不仅为数据交易提供了明确的法律依据，也为数据市场的健康发展奠定了坚实的基础。

1.2.3.4 出台法规或政策保障公共数据资产管理和使用

多数地方政府还通过制定地方性法规或政策文件，明确公共数据资产的管理和使用规范。这些法规或政策通常要求政府部门在数据采集、存储、处理、共享和使用等各个环节中，都要遵循相应的标准和规范，确保数据资产的合法性、安全性和有效性。例如，北京出台《数据资产登记指南》《数据资产质量评估指南》《数据匿名化处理实施指南》《数据资产合规入表指南》《数据可信流通跨域管控技术规范》等标准，旨在从数据的登记、质量评估、匿名化处理到合规入表和跨域管控等方面，为北京的公共数据资产管理和应用提供全方位的指导；上海出台《上海市公共数据资源管理办法》《上海市数据交易场所管理暂行办法》等标准，着重于公共数据资源的管理和数据交易场所的规范，以促进上海数据市场的健康发展；深圳出台《深圳市数据交易管理暂行办法》《深圳市公共数据开放管理办法》等文件，主要关注数据交易的管理和公共数据的开放，以推动数据的流通和利用；《广州市公共数据资源开发利用管理办法》明确了广州公共数据资源的开发利用管理原则和要求，以促进数据的共享和应用；杭州市主要关注公共数据的开放，出台《杭州市公共数据开放管理办法》，为数据的共享和使用提供了明确的指导；《成都市数据条例》从数据的收集、处理、使用等方面进行了全面规范，为全市数据资产的管理和应用提供了法律保障。

1.3 公共数据资产标准研究的必要性和建设难点

1.3.1 公共数据资产标准研究的必要性

公共数据资产标准研究的必要性体现在多个层面，对于推动数据资源的有效管理和利用、促进数字化转型、提升政府治理能力和公共服务水平都具有重要意义。

1.3.1.1 公共数据资产标准研究是数据资源有效管理和利用的基础

随着信息化与数字化技术的迅猛发展，社会各领域产生的公共数据资产规模呈现出爆炸性增长的趋势。这些数据不仅源自传统的政府工作报告、人口普查等，还广泛涵盖了社交媒体、物联网设备、电子商务交易、医疗健康记录、智能交通系统等多个新兴渠道，其来源的多样性前所未有。同时，公共数据的格式也日趋复杂，从结构化数据（如数据库中的表格）到半结构化数据（如 JSON、XML 文件），乃至非结构化数据（如文本、图像、音频、视频），种类繁多，给公共数据资产的有效管理和高效利用带来了前所未有的挑战。

面对这一现状，制定并推行统一的公共数据资产标准显得尤为重要。统一的公共数据资产标准如同一套“通用语言”，能够横跨不同行业、部门和平台，对数据的采集、存储、处理、共享及最终使用等全生命周期进行规范。这不仅意味着公共数据在录入阶段就需要遵循既定的格式和编码规则，确保数据的准确性和可读性，还要求在数据存储时采用标准化的数据库结构和数据模型，以便于公共数据的快速检索和分析。

在数据处理环节，统一的公共数据资产标准能够促进算法和工具的通用性，提高数据处理效率，减少因格式不匹配导致的转换成本和时间消耗。对于公共数据共享而言，标准的建立打破了“信息孤岛”，使得不同系统间的公共数据交换更加顺畅，促进了跨部门、跨机构的合作与协同，加速了信息流动和知识共享。更重要的是，统一的公共数据资产标准有助于提升数据质量和一致性，通过减少数据冗余、避免数据冲突和错误，为数据分析、决策支持和数据挖掘等高级应用奠定坚实的基础。这不仅能够优化公共数据资产管理流程，降低维护成本，还能够促进公共数据资产价值的最大化，支持智慧城市、精准医疗、个性化教育等前沿领域的发展，为政府决策、企业运营和社会治理能够提供科学依据和智能支持。

1.3.1.2 公共数据资产标准研究有助于推动数字化转型

首先，公共数据资产标准研究对于推动数字化转型具有深远影响。通过制定统一的公共数据资产标准，可以确保公共数据在不同部门、不同系统间的兼容性和互操作性，打破“数据孤岛”，实现数据的无缝流动与共享，不仅能够提升公共数据资源的利用效率，还能为政府决策、企业运营和社会服务提供更加全面、准确的数据支持，加速数字化转型的进程。

其次，公共数据资产标准研究有助于提升数据质量和安全性，并为政府和企业利用公共数据提供规范。政府可以利用这些标准来指导公共数据的采集、存储、处理和使用，确保数据的准确性、完整性和时效性。企业也能够在公共数据的利用中有章可循。同时，公共数据资产标准的制定也能够加强数据隐私保护和安全管理，防止数据泄露和滥用，为公共数据利用提供安全保障。政府也可以基于这些标准，推动公共数据的开放和共享，促进数据的流通和利用，进一步释放数据价值，推动经济社会发展。

最后，公共数据资产标准研究能够为数字化转型提供规范和指导。政府可以利用这些标准来制定相关政策，推动数据要素市场的培育和发展，促进数据的合规高效流通使用。同时，政府还可以基于这些标准，推动数据基础设施的建设和升级，提升数据处理和分析能力，为数字化转型提供有力支撑。此外，政府还可以利用公共数据资产标准，推动跨部门、跨领域、跨地区的数据协同和共享，促进政府服务的数字化转型，提升政府效能和公众满意度。

1.3.1.3 公共数据资产标准研究有助于提升政府治理能力和公共服务水平

政府作为公共数据的主要生产者和拥有者，其数据资源的管理和利用水平直接关系到政府治理能力和公共服务水平，公共数据资产标准研究对于提升政府治理能力具有显著作用。通过制定和实施统一的数据标准，政府能够更有效地整合和管理跨部门、跨地区的公共数据资源，实现数据的互联互通和共享利用。这不仅能够增强政府决策的科学性和精准性，还能提高政府应对复杂社会问题的能力，为政府治理提供更加全面、及时、准确的信息支持。

同时，公共数据资产标准研究有助于提升公共服务水平。政府可以利用标准化的数据资源，优化公共服务流程，提高服务效率和质量。例如，通过数据共享和交换，政府可以实现跨部门协同办理业务，减少群众办事的重复提交和等待时间，提升公众满意度。此外，标准化的数据还可以为政府提供更加精准的服务对象画像，实现个性化、智能化的公共服务，满足人民群众多样化、多层次的需求。

1.3.1.4 公共数据资产标准研究有助于推动数据产业的健康发展

随着大数据、人工智能等前沿技术的蓬勃发展，数据产业如同一颗璀璨的新星迅速崛起并成为推动经济增长的重要引擎。数据产业的兴起，不仅为我们带来了前所未有的海量信息资源和无限商机，更是开启了一个充满无限可能的新世界。然而，数据产业的快速发展也伴随着一系列挑战，如何确保其健康、有序地发展，避免无序竞争和潜在风险，成为我们亟待解决的关键问题。在此背景下，制定公共数据资产标准显得尤为重要。它不仅为数据产业的参与者提供了清晰的发展方向和技术路线，确保了整个产业能够在统一规范的指引下有序、高效地前行，还为产业的创新和升级奠定了坚实基础。在标准的框架下，企业和个人能够更有信心地进行技术探索和应用创新，不断推动数据技术的突破和产业的升级。

公共数据资产标准的制定，不仅是对数据产业发展方向的明确指引，更是对数据交易和数据安全的坚实保障。通过制定统一的数据标准，可以有效规范数据资源的采集、存储、处理和使用，确保数据的质量、完整性和安全性。这不仅有助于提升公共数据的价值和利用效率，还为公共数据交易提供了公平、透明、可信赖的环境，促进了数据市场的健康发展。同时，数据标准的制定也为数据安全提供了有力的法律和技术支撑，确保了数据在传输、存储和使用过程中的安全性和隐私保护，为整个社会的数字化转型提供了坚实的保障。

1.3.2　公共数据资产标准体系建设的难点

1.3.2.1　公共数据资产管理运营存在的难点

一是公共数据资产类型繁多且复杂。公共数据资产的类型繁多，包括但不限于政府各部门在履行职责过程中制作或获取的各类数据资源。这些数据类型各异，分布广泛，具有高度的多样性。不同类型的数据在处理、存储和管理上的需求各不相同，给数据资产的分类、组织和管理带来了极大的挑战。随着技术的不断发展，新的数据类型和数据格式不断涌现，使得数据资产的复杂性进一步增加。

二是公共数据标准不统一。在公共数据资产的管理中，数据标准的不统一是一个突出问题。各部门按照各自的标准和方式进行数据采集、处理和存储，导致数据资源重复、多余，且质量不高。这种标准的不统一不仅增加了数据整合和共享的难度，还降低了数据资源的利用率和可获取性。为了制定有效的公共数据资产标准体系，需要解决数据标准不统一的问题，建立统一的数据描述、组织和管理标准。

三是公共数据权属界定不清。数据资产的权属包括占有权、使用权、管理权、收益权等多个方面。然而，在实际操作中，公共数据资产的权属往往不明确，导致数据资源的利用和共享受到阻碍。为了制定有效的公共数据资产标准体系，需要明确数据资产的权属关系，确保数据隐私的安全，并促进数据资产的合法合规流通。

四是技术实现难度大。制定公共数据资产标准体系还需要考虑技术实现的难度。数据资产管理涉及数据的采集、清洗、整合、建模、分析、可视化等多个环节，需要依赖于先进的技术和工具。然而，目前市场上的数据资产管理平台和解决方案还不够完善和成熟，无法满足公共数据资产管理的多样化和个性化需求。此外，数据资产管理还需要解决数据可复制、非排他、边际报酬递增等特性带来的问题，将数据资产开发利用、更新维护、授权运营、完善定价等要求嵌入数据资产管理全流程。

1.3.2.2 公共数据资产标准体系制定的难点

一是公共数据资产标准体系的制定是一项极为复杂且挑战性的任务，它不仅要求深入理解和协调多个行业领域的数据处理需求、业务逻辑和技术标准，以确立一套全面、统一且可操作的公共数据资产确认标准；同时，还需要在保障数据安全与隐私的前提下，设计高效的流通管理标准，确保数据能够在不同行业、不同机构间顺畅流通与共享；此外，运营标准的制定需要充分考虑到数据的可持续利用与价值最大化，确保数据资产能够长期服务于社会经济发展；而技术标准的制定则需要在日新月异的技术环境中，既要保持标准的先进性与前瞻性，又要确保其与现有技术体系的兼容性和可操作性，这一系列标准的制定均需要在跨行业协作、技术与业务深度融合以及标准化与灵活性之间找到精准的平衡点，是一项涉及多方利益、技术挑战与制度创新的综合性工程。

二是在公共数据资产标准体系的推广层面也面临诸多挑战。第一，需要跨越不同行业、机构之间的数据壁垒与利益冲突，促进各方对标准体系的深入理解与广泛认可，以确保标准的有效实施与遵循；第二，随着技术的快速发展，标准的适应性与前瞻性成为关键问题，如何确保标准体系能够紧跟技术变革的步伐，同时保持其稳定性和可持续性，是推广过程中的一大挑战；第三，公众对数据安全与隐私保护的日益关注，也对标准体系的推广提出了更高要求，需要在保障数据流通与共享的同时，加强数据保护机制，赢得公众的信任与支持。这些因素相互交织，共同构成了推广公共数据资产标准体系的复杂性与难度。

三是公共数据资产标准体系更新的挑战。第一，在标准体系更新层面，随着技术的不断发展和业务需求的变化，公共数据资产标准体系需要不断更新和完善，需要建立持续监测与评估机制，及时发现标准中存在的问题和不足，为标准的更新提供依据；第二，在更新数据标准时，需要平衡稳定与创新的关系，既要确保新标准能够满足当前和未来的需求，又要避免频繁变动导致的不稳定因素，这要求标准制定者具备前瞻性和创新性思维，能够准确把握技术和业务的发展趋势；第三，数据标准的更新涉及多个部门和系统的协同工作。在更新过程中，需要确保各部门和系统之间的数据能够顺利迁移和转换，避免数据丢失或混乱。同时，还需要有效协调各方利益诉求和工作节奏，确保整个更新流程的有序推进和顺利实施，这要求具备强大的组织协调能力和高效的项目管理能力。

第2章

公共数据资产标准框架体系研究

2.1 公共数据资产标准体系框架设计

2.1.1 公共数据资产标准体系总体思路

2.1.1.1 公共数据资产标准体系建设的指导思想

公共数据资产标准体系建设的指导思想：以习近平新时代中国特色社会主义思想为指导，全面深入贯彻落实党的二十大和党的二十届三中全会精神，完整、准确、全面贯彻高质量发展理念，健全促进实体经济与数字经济深度融合相关制度，统筹推进数据产权、流通交易、收益分配、安全治理，加快构建数据基础制度体系，把握公共数据资产开放共享和开放利用的时代要求，打造公共数据资产安全、高效、合理、实用的数字基础设施，构建数据资产管理标准体系，为加快经济社会数字化转型、推动经济高质量发展提供有力支撑。

2.1.1.2 公共数据资产标准体系建设的总体要求

公共数据资产标准体系是数据基础制度建设的重要内容，也是全国一体化政务大数据体系建设的具体任务之一，对数据持有加工、流通交易、收益分配、安全治理等方面起到非常关键的作用，公共数据资产标准体系建设需要满足以下几个方面的总要求：

（1）公共数据标准体系应符合国家法律法规和政策层面的要求

公共数据标准体系的制定，是一项技术复杂、政策性强的工作，直接关系到国家、企业和个人的利益，标准要贯彻国家法律法规的规定，与公共数据资产的法律法规相一致，如《网络安全法》《数据安全法》《个人信息保护法》三部数字经济基础性法律等。标准还应符合国家的大政方针政策，如《“十四五”数字经济发展规划》《“十四五”大数据产业发展规划》《关于构建数据基础制度更好发挥数据要素作用的意见》《关于加快建设全国统一大市场的意见》等，标准应响应政策文件出台的目的和意图。

（2）公共数据标准体系应符合信息技术发展和支撑平台技术要求

数据的使用依赖和依靠通信技术发展，数据、算力和算法构成了数字化应用的三大元素，技术是联系这三大元素的纽带，起到非常关键的作用，不仅数据的获取、存储、加工、使用等需要技术支撑，而且数据平台的运营也需要技术作为支撑。因此，一方面，标准需要与技术水平相适应，不能因为标准制定阻碍技术发展；另一方面，也不能制定的标准超前，使标准实施存在一定的难度。

（3）公共数据标准体系内部标准和外部标准具有协调性和一致性

公共数据发挥作用的方式有开放共享和开发利用两种，开放共享是公共数据在政府局域网内提供服务，遵循“原始数据不出域”原则，相应地，应制定局域网内的公共数据开放共享标准；开放利用是对公共数据进行使用、加工和市场化运营的相关标准，遵循“数据可用不可见”原则，相应地，应制定从数据获取、筛选、脱敏、存储、加工、使用、运营等相关标准。这两种标准体系应具有协调性，以保持数据资产的合理使用和交易流通的需要。

同时，现有的标准体系包括国家标准、行业标准、地方标准、团体标准、国际标准等，各类标准存在着相互联系，只有相互协调才能保证数据资产在供给、流通、交易和使用过程中各个环节顺畅，制定的公共数据资产标准应该与这些标准具有协调性，使用时能够满足不同行业、不同地区和不同群体的要求。

（4）公共数据标准体系应具有适用性、统一性和简约性

当公共数据标准体系制定时，其指标体系要求既不能过于严格，适用性不高，也不能过低，失去作用。适用性是衡量标准的重要指标，对技术先进性和经济上的合理性应有充分的考虑。

公共数据标准要是对公共数据进行统一规范和管理，需要符合各行业和各部门的公共数据资产管理，所以具体条文不能太细、太具体，应以规定基础性、原则性和通用性的内容为主，以求标准具有通用性。

公共数据标准应具有简约特点，明确界定标准的适用范围，简明阐述要表述的内容，清晰界定条款的边界和意思，逻辑性强，结构完整，具有可操作性和规范性，具有普遍的约束力。

2.1.2 公共数据资产标准体系框架设想

2.1.2.1 现有相关数据标准体系研究文献梳理

自国家层面《关于构建更加完善的要素市场化配置体制机制的意见》《关于构建数据基础制度更好发挥数据要素作用的意

见》等相关文件发布以后，对数据资产相关标准的研究得到社会的广泛关注。数据资产的相关标准研究，缘起于信息技术、大数据等标准制定，陆续过渡到数据基础标准、数据质量标准、数据治理标准、数据评估标准等。通过全国标准信息公共服务平台检索，截至2023年9月，国内已发布的相关标准中名称包含“数据中心”的标准有245项，包括国家标准18项、行业标准68项、地方标准42项和团体标准117项。相关学者也从不同的角度，对数据资产相关标准框架体系进行研究，形成了一批有价值的研究成果。

（1）数据资产管理体系的研究

自2009年国际数据管理协会发布《数据管理知识体系(DMBOK1.0)》以来，数据管理体系已逐渐成熟，涵盖数据治理、数据操作管理、数据体系管理、数据开发、数据安全管理、参考数据和主数据管理、数据仓库和商务智能管理、文档和内容管理、元数据管理以及数据质量管理共计10个领域。[①] 数据管理理论体系作为数据时代之前的产物，其视角仍是将数据作为信息管理，并未关注数据资产管理和数据价值释放，更多的是为了满足监管要求和企业考核。随后，卡内基梅隆大学旗下机构于2014年以软件能力成熟度集成模型（CMMI）为参考，发布了数据能力成熟度（DMM）模型，包含数据管理战略、数据操作、数据质量管理、数据治理、数据平台和体系、支撑流程，进一步丰富了数据资产管理的理论体系。

① DAMA International. The DAMA guide to the data management body of knowledge [M]. Beijing: Tsinghua University Press, 2012.

（2）数据资产管理与价值评估的研究

2015年，麻省理工学院信息系统研究中心（CISR）提出数据价值评估的概念，强调在解决数据安全和成本问题的情况下，企业应将数据视为战略资产进行治理，而数据价值评估则可以帮助企业发现数据中潜在的价值。2009年英国格拉斯哥大学提出的数据资产框架（DAF）、2018年全国信息安全标准化技术委员会提出的数据管理能力成熟度模型（DCMM）、2018年国家大数据标准体系的发布，为数据资产审计和数据管理提供了更为系统化的框架。其中，数据管理能力成熟度模型（DCMM）定义了数据管理能力成熟度评价八个方面的内容，包括数据战略、数据治理、数据体系、数据标准、数据质量、数据安全、数据应用、数据生命周期管理；大数据标准体系框架分类包括基础标准（总则、术语、参考模型）、数据处理（数据整理、数据分析和数据访问）、数据安全（通用要求和隐私保护）、数据质量（元素据质量、质量评价和数据溯源）、产品和平台（关系型数据库产品、非结构化数据管理产品、可视化工具和数据处理平台）、应用和服务（开放数据集和数据服务平台）等六个方面内容。与此同时，已有学者分别以地区和行业标准体系建设为例，进一步探索了数据资产的安全管理和数据化转型的障碍，提出了相应的大数据标准体系框架和数据资产安全管理体系。例如，赵莹等（2022）以北京市为例，提出了基于基础、数据、技术、平台和工具、管理、安全隐私、行业应用等七个方面的大数据标准体系框架，在内容上该标准体系包括基础类标准、数据类标准、技术类标准、平台/工具类标准、管理类标准、安全和隐私类标准、评估评价类标准和行业应用类标准。陈韬等（2023）从行业数据出发，对银行业数据在分级分类的基础上，设计出了数据资产安全管理体系，包括数据资产分级分类信息的导入和查询、对不同层级的安全工具统一配置要求、全防护工具进行统一管理和分析以及对安全事件进行报警和追踪分析。

（3）数据标准化发展阶段与框架构建的研究

数据标准化作为信息时代的关键要素，其发展历程和框架构建受到了学术界和工业界的广泛关注。张群等（2023）的研究对我国大数据标准化建设进行了系统的总结，提出了数据标准化的四个发展阶段：数据标准化阶段、大数据基础技术和产品标准化阶段、数据管理和治理标准化阶段以及数据要素标准化阶段。这四个阶段不仅标志着我国大数据标准化的逐步成熟，也反映了数据管理从技术层面向战略层面的转变。史丛丛（2023）则从数据要素的角度，对现有的标准体系进行了深入分析。他指出，尽管在数据存储、共享开放、分类等方面已经发布了国家标准，但在数据资产确权、定价、评估、运营等关键领域，标准化工作仍处于探索阶段，并据此构建了从供给、流通、利用和安全的数据要素标准体系①。这一分析强调了构建科学合理的数据资产管理标准体系的重要性，同时也揭示了当前标准化工作的不足和挑战。

（4）数据资产价值实现的研究

李雨霏等（2020）的研究基于价值实现的视角，提出了数据资产管理体系的构建，涵盖了数据管理职能、数据运营、技术平

① 史丛丛，张媛，赵一新．数据要素标准体系建设研究［J］．信息通信技术与政策，2023，49（4）：16－21.

台和保障措施等多个方面，其中，数据标准的制定是确保数据质量和一致性的关键环节，对于数据资产的管理和运营至关重要。王华等（2023）的研究则从全国一体化大数据中心体系的角度，探索了数据治理标准体系框架的构建，该框架包括基础共性、数据基础设施、数据内容管理、数据生存周期管理、数据价值管理、数据安全等六个方面，为数据治理提供了全面的标准化指导。其中，基础共性标准主要针对数据治理基础进行规范，为标准体系其他部分的建设提供支撑和参考，包括术语、参考架构、通用要求、测试评估等；数据基础设施标准主要用于规范数据相关的软硬件设施系统、技术工具和组织，包括支撑数据“采—存算—管—用”全流程的数据库、大数据平台、技术工具、组织机制等；数据内容管理标准主要规范数据内容标准化过程涉及的方方面面，包括数据标准、数据目录、元数据、数据质量等；数据生存周期管理标准主要规范数据生存周期各个阶段的管理活动，包括数据获取、数据存储、数据处理、数据传输、数据应用、数据归档和数据销毁等；数据价值管理标准主要规范数据资产化、价值化过程涉及的方方面面，包括数据流通、数据服务和数据洞察等；数据安全标准主要用于规范数据全生存周期各环节的安全保护，始终确保数据处于有效保护和合法利用的状态，包括数据安全、隐私保护等。戴炳荣等（2020）认为数据资产标准化的研究主要源于信息技术服务和大数据两个标准体系，并进一步辨析了数据资产类标准与数据治理、数据开放共享、数据交易流通等标准之间的关系，强调了数据资产的资产视角，重点关注其成本、定价、收益、价值等维度，以及数据资产标准化在数据交易流通中的重要性。

（5）数据标准化所面临挑战与未来方向的研究

付怡文等（2023）的研究提出了基于区块链技术下数据交易平台的数据资产交易流程框架（包括开放共享体系、质量管控体系、隐私安全体系、监督管理体系和平台的规范建设体系），同时指出了当前数据资产交易管理过程中存在的缺乏统一标准、技术运用和法律支撑的问题。单曙兵等（2023）从银行需求的视角，分析了我国数据资产标准发展趋势，包括正在研究的数据资产评估国际标准和国家标准，国际标准如 ISO 55013（《数据资产价值评价体系》）、国内标准如《信息技术大数据数据资产价值评估》，论文分析发现有关数据资产价值评估标准是国家标准和国际标准的重点关注的焦点，且正在制定过程中。王鹏（2023）的研究则认为，信息资源数字化标准体系的构建是实现数字化转型的关键，包括基础类标准、通信网络标准、数据资源标准、信息安全防护标准、信息应用服务标准、运维标准等多个方面。2024 年信通院发布的《数字政府一体化建设白皮书》指出了数字政府建设中标准缺失和不统一的问题，强调了标准协同化、整体化、精准化和融合化的必要性。

综合现有数据标准体系相关研究，可以发现数据管理与标准化研究取得了显著进展，并呈现以下几个特点：一是数据标准体系由数据、大数据标准化、技术标准化向数据资产标准化转变。在最初阶段是数据标准化和大数据基础技术的标准化，虽然数据发挥的作用越来越大和国家层面的推动，数据管理和数据治理标准化得到组织和强化，地方政府、行业协会等地方标准和行业标准陆续发布，目前已经发展到强调数据资产运营和价值实现标准化阶段。二是数据标准体系向纵深方向发展，由统一的数据、大数据标准向行业标准和团体标准发展，已经涉及了国家层面数据开放共享、管理能力成熟度、数据质量评价、数据资产价值评估标准等。三是数据标准由规范导向向应用导向转变、管理导向向价值实现导向转变，构建科学、合理的数据资产管理标准体系势在必行。

然而，目前的研究也依然存在一定的不足和改进空间：首先，虽然我国在数据标准化方面取得了一定的进展，但在数据资产管理和价值实现方面仍存在不足；其次，数据标准化工作面临着关键标准的缺失、标准协调性不足、技术发展与标准更新脱节等挑战；再次，未来的数据标准化工作需要进一步强化标准的协同化和整体化以促进数据技术的健康发展和应用的广泛推广，同时需要注重加强标准化人才培养和研究创新；最后，构建一个科学、合理的数据资产管理标准体系，不仅需要关注数据的技术属性，更应重视数据的经济价值和社会影响。

2.1.2.2 公共数据资产标准体系框架构建

标准体系是由一定范围内的标准按其内在联系形成的科学的有机整体，应全面成套体现体系的整体性。① 公共数据资产标准体系是针对公共数据资产领域形成的整体性的规范体系。

公共数据资产标准体系总体框架：依据《关于印发“十四五”数字经济发展规划的通知》《关于构建更加完善的要素市场化配置体制机制的意见》《关于加快构建全国一体化

① 中国标准化研究院．标准体系构建原则和要求：GB/T 13016－2018［S］．

大数据中心协同创新体系的指导意见》《关于构建数据基础制度更好发挥数据要素作用的意见》《建设高标准市场体系行动方案》等文件要求，在充分调研地方、行业和社会对公共数据资产标准要求的基础上，以公共数据资产的开放共享和开发利用为导向，结合相关地方政府和行业部门取得的实践经验，考虑大数据基础标准体系和电子政务建设相关原则，以地方政府和行业部门标准化建设需求为出发点，以数据资产管理和价值实现为核心要义，本书提出数据资产管理标准为核心，数据技术标准和大数据标准为支撑的框架体系，使标准体系既与国家政策和建设要求相符合，又与地方实际工作相衔接。其中，技术标准与数据资产确认、数据资产流通和数据资产运营之间的关系是密切互补的，技术标准为数据资产确认提供了必要的技术手段和流程、为数据资产在流通过程中的兼容性和互操作性提供了技术保障、为数据资产运营提供了技术规范和操作指南。值得说明的是，大数据标准是数据管理和应用的宏观的管理框架，而技术标准则是大数据标准得以实施的具体技术手段，因此，在后续的研究中，本书将对数据资产确认、流通管理、运营、技术四大标准进行进一步研究。具体的框架如图 2 -1 所示。

公共数据资产标准体系包括数据资产确认、数据资产流通和数据资产运营三个部分。其中，数据资产确认标准包括数据资产目录建设、数据资产权属登记、数据资产授权、数据资产质量评价、数据资产价值评估；数据资产流通标准包括数据资产分类分级、数据资产开放共享、数据资产流通、数据资产交易、数据资产开发、数据安全与隐私保护；数据资产运营标准包括数据资产定价、数据资产使用、数据资产监管、数据资产收益分配、数据资产绩效评价标准。

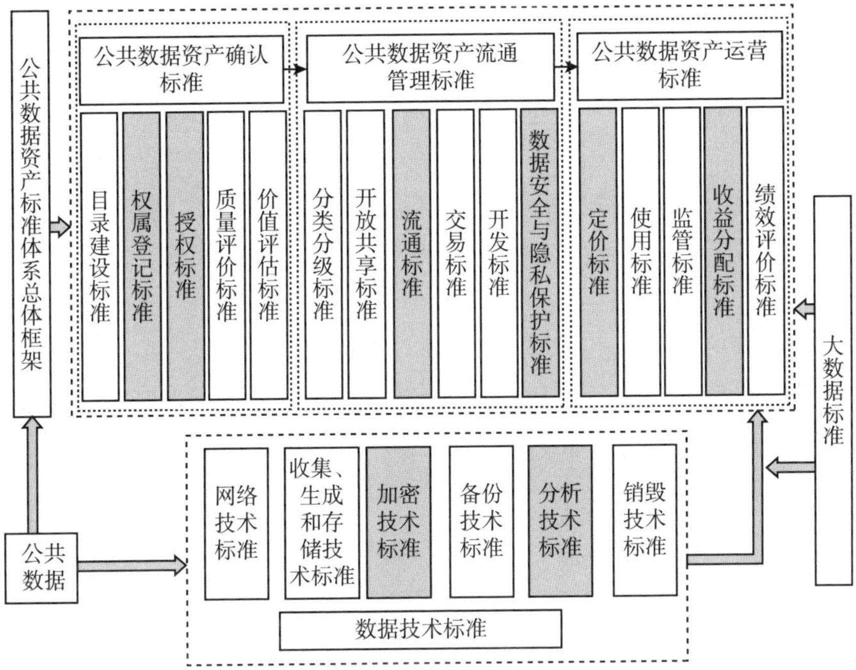

图2-1　数据资产标准体系框架

大数据标准包括数据采集、数据存储、数据交换、数据元素、元数据、主数据、参考数据、数据字典、数据编码、数据结构、数据格式等标准。公共数据资产的技术标准包括网络技术、数据采集、存储筛选、加密技术、备份技术、分析技术和销毁技术标准等。这些标准构成了数据资产开放共享和开发利用的基础，是数据资产管理的前提和基础。

需要说明的是，本书的研究集中在公共数据资产标准体系，即从价值实现角度，构建从数据资产产生到流通交易，再到数据运营的过程管理标准。同时，针对各标准之间的关系，可以进一步概括为：技术标准是数据资产管理的基础，为数据资产确认、流通和运营提供技术支撑；数据资产确认是数据资产流通和运营的前提，确保数据资产的真实性和可信度；数据资产流通是数据资产运营的重要组成部分，通过流通实现数据资产的价值；数据资产运营是数据资产管理的最终目标，通过有效的运营实现数据资产的商业价值。同时，公共数据资产管理标准虽然按照四个方面的内容进行划分，但在具体的标准制定时，可能贯穿公共数据资产的整个生命周期，如公共数据资产的安全标准，涉及了数据资产的确认、流通和运营等各个阶段，数据资产的评估标准，不仅仅在数据资产确认阶段，还涉及了数据资产流通阶段和数据资产运营阶段，因此这些标准的划分是以某一个阶段进行的标准划分，并不意味着这个标准只在该阶段发挥作用，所以标准的制定，其内容本质上需要覆盖多个阶段。

2.2 公共数据资产标准体系构建原则与目标

2.2.1 公共数据资产标准体系构建原则

公共数据资产标准体系按照目标明确、全面成套、层次适当、划分科学的基本原则前提下进行设置，具体的构建原则如下。

2.2.1.1 目标导向与过程管理相结合原则

公共数据资产标准的制定是为了更好地实现公共数据资产开

放共享与开发利用，标准应在符合国家法律法规和相关政策文件的前提下，按照公共数据的使用要求和开发利用要求制定。同时，标准还需要体现公共数据资产的过程管理，按照公共数据资产的确认、交易流通、运营管理和技术安全保障的顺序，制定相应的过程相关标准。

2.2.1.2 整体设计与现实应用相结合原则

基于公共数据资产管理视角，构建的标准体系需要涉及依法合规、权责关系、使用管理、开发利用、价值评估、收益分配、过程监管、信息披露等过程，从整体上厘清公共数据的使用递进流程，按照部门管理职能和资产管理体制机制，做好整体设计。同时，坚持整体设计与基层探索实践相结合，需要满足现阶段公共数据资产的使用要求，特别是在价值评估、使用流通、运营监管等方面，起到及时、顺畅、安全、有效的作用，应对当前的公共数据资产使用趋势。

2.2.1.3 适度超前与协调融合相结合原则

公共数据资产的标准不仅需要关注当前的需求，还需要满足未来一段时间内的数据资产发展趋势，兼顾当前的计划与长远发展的规划，在总结各地实际需求的情况下，探索构建有效的标准。同时，标准还需要与已经出台的国际标准、国家标准、行业标准、团体标准等相衔接，根据公共数据资产的管理要求，科学合理处理其中不一致之处，使标准执行起来更顺畅，有效推动该标准的执行。

2.2.2 公共数据资产标准体系构建目标

为了更好规范公共数据资产的管理，应不断丰富数据资产社会价值和经济价值，推进公共数据资产全过程管理的合规化和增值化，促进公共数据资产高质量供给，加快公共数据资产的顺畅流转，有效释放公共数据价值。为赋能实体经济数字化转型升级、推进数字经济高质量发展、推动共同富裕提供有力支撑。公共数据资产标准体系将围绕具体目标进行建设，具体目标如下：

（1）建立并完成一套国家公共数据资产标准化框架体系；

（2）制定一系列公共数据资产确认关键标准；

（3）制定一系列公共数据资产流通管理关键标准；

（4）制定一系列公共数据资产运营关键标准；

（5）制定一系列公共数据资产技术关键标准；

（6）形成满足国家公共数据资产开放共享与开发利用所需的一套国家标准。

第3章

公共数据资产标准体系内容

3.1 公共数据资产全生命周期过程

3.1.1 公共数据资产管理的实践探索

在释放公共数据资产价值的过程中，各个地方也做了诸多工作。以下是本书在调研中了解到的具体操作内容。

3.1.1.1 浪潮数据服务的探索与实践

浪潮集团是中国领先的云计算、大数据服务公司，拥有深厚的企业背景和技术积累，其主要业务包括云计算、大数据、人工智能、服务器、存储、网络设备等，也是全球领先的服务器制造商之一。浪潮集团注重技术创新和研发投入，在全球范围内设有研发中心和分支机构，依托庞大的研发团队和生产基地，集团拥有众多专利和软件著作权，同时参与多项国家和行业标准的制定。2017 年，浪潮集团成为大数据流通与交易技术国家工程实验室的参与单位，后续，集团在资产确认、资产流通管理、资产运营和技术标准上均进行一些探索和实践。

首先，浪潮数据资产化服务在资产确认方面体现了对数据资产化过程的深刻理解和技术实力。公司依据国家政策和行业规范，如《数据产品登记信息描述规范》《关于构建数据基础制度更好发挥数据要素作用的意见》等规范，通过数据资产登记服务平台，实现数据资产的全过程管理。这一过程涵盖了数据资产的录入、受理、审核、公示、转移和变更等，确保数据资产的合规监管和确权转化。并且，2022 年 7 月由浪潮作为起草单位编写的《数据产品登记信息描述规范》《数据产品登记业务流程规范》对外发布。在技术层面，浪潮“以区块链、数据安全和数据智能等技术为支撑，从数据资产本体、资产权属、登记主体等多角度全方位登记数据资产信息，明确数据权属，并提供可溯源、防篡改的链上登记服务”。这些技术的应用不仅确保了数据权属的明确性，还提供了可溯源、防篡改的链上登记服务，为数据资产的管理、评估、交易等后续环节提供了坚实的技术支撑。此外，浪潮还参与了多项数据资产登记相关的团体标准的起草工作，如《数据产品登记业务流程规范》，进一步推动了数据资产登记的标准化和规范化。通过这些实践，浪潮不仅帮助企业明确了数据资产的权属，还促进了数据资产的有效转化和应用。

其次，在资产流通管理方面，浪潮通过数据资产服务平台，为企业提供数据资源化、数据资产化、数据资本化全流程服务，支持企业数字资产入表和数字化转型。“资产规划”服务帮助企业梳理数据资源，形成有效数据资产、实现数字资产入表和数字化转型，并通过“数据治理服务”提高数据一致性、规范性和可控性，帮助企业实现数据资产的价值最大化。具体来说，浪潮的服务包括数据资产规划、数据治理与开发、数据资产登记、合规评估、质量评价、价值评估和资产入表等。这些服务不仅提高了数据的一致性、规范性和可控性，还提升了数据的价值，为企业的数据资产管理和价值评估提供了有力支持。浪潮还建立了数据资产登记证书制度，通过“一企一证、一数一证”的合规准入体系，保护了数据生产者的合法权益，推动了数据要素的加速流通。此外，浪潮还通过技术支撑，如 DCMM 贯标和数据产品开发，帮助企业完成数据资产管理和价值评估。

浪潮数据资产化服务在资产运营标准上，依据国家、行业涉及数据安全的法律、规范，配置合规检测规则库，为数据登记和审核环节提供合规检测工具。这些工具的应用确保了数据资产的合规性，为企业的数据资产运营提供了标准化的管理和评估。浪潮还建立了全流程的交易服务体系，包括交易审核、交易磋商、合同签署和交易鉴证等环节。这些服务的建立，规范了数据资产的交易流程，提高了数据交易流通的透明度和效率。此外，在技术标准方面，浪潮还参与了国家标准和团体标准的编制，如《信息技术 大数据 数据服务能力服务评估 第1部分：评估模型》《企业数据范式交易要求》，推动了数据交易流通的标准化发展。

在具体的实践方面，浪潮集团在不同领域，如金融、交通、文旅、农业等，进行了数据资产化的实践，积累了丰富的经验。例如，浪潮在济南市商贸领域进行公共数据授权运营，通过融合多部门数据提供决策支撑；助力烟台市大数据局建设的“镇街综合数据平台”入选国家数据局典型案例；参与建设的“泉融通”平台作为济南市公共数据在金融领域的“总出口”，推动公共数据开放应用，实现市场主体精准“画像”。同时，浪潮集团积极参与数商生态建设，成为多个数据交易所的数商，致力于数据要素交易流通。

进一步地，按照公共数据资产全生命过程将浪潮数据服务的探索与实践进行归纳总结，可发现浪潮集团做了以下工作（见表3-1）。

表 3－1　　浪潮数据服务的探索与实践

公共数据资产全生命周期管理过程	数据资源	数据资产	数据产品	数据商品	数据运用	数据销毁或复用
浪潮数据服务的探索与实践	通过数据资产登记服务平台实现全过程管理，包括数据资产的录入、受理、审核、公示、转移和变更等	利用区块链、数据安全和数据智能等技术全方位登记数据资产信息，明确数据权属	为企业提供数据资源化、数据资产化、数据资本化全流程服务	建立全流程的交易服务体系，包括交易审核、交易磋商、合同签署和交易鉴证等环节	在金融、交通、文旅、农业等领域进行了数据资产化的实践，积累了丰富的经验	实践中暂未具体提及

浪潮集团作为中国领先的云计算和大数据服务公司，具有强大的技术研发实力和全产业链服务能力。公司在数据资产化、数据服务、平台建设和运营等方面拥有丰富的实践经验和技术积累，积极参与数据要素市场的建设和政策制定，推动了数据资源的开发利用和数据驱动的行业创新。通过创新的数据服务模式和对数据安全与合规的重视，浪潮集团在促进数据要素市场化配置和数字化转型方面发挥了重要作用。

3.1.1.2　青岛市北建投聚禾数据资源入表的探索与实践

青岛建投聚禾数字科技发展有限公司专注于数字科技领域，通过信息化项目收集和积累了大量民生活动数据资源，包括智慧停车、智慧安防、智慧商贸、数据中心等。公司在数据资源的探索与实践方面有显著进展，包括数据资源化、数据资产化、数据资产入表等步骤。公司的发展受益于国家层面密集出台的数据要素相关政策，这些政策推进了数据合规高效流通使用，并鼓励数据资产化、资本化。尤其是在数据资源入表方面，建投聚禾进行了积极的探索与实践。

首先，在资产确认方面，建投聚禾遵循了国家政策和财政部发布的《暂行规定》，这些规定为企业数据资源的会计处理提供了明确的指导。公司在对内部使用的数据资源进行盘点与梳理的基础上，识别和筛选出高价值的数据资源，如数据资源集，确保其满足无形资产的定义和确认条件。同时，公司还对日常活动中持有、最终目的用于出售的数据资源进行了评估，确认其为存货。在这一过程中，公司注重数据资源的合规性和应用场景的明确性，确保数据来源合法、隐私保护到位，并进行了全方位的合规审查。此外，"数据资源化与产品立项开发"阶段，需要对数据资源进行有效治理，确保数据范围明确、产品研发流程清晰，公司还依托外部专业机构进行了数据质量评价，为数据资产的确认提供了重要依据。

其次，在资产流通管理方面，建投聚禾通过与华通智研院等平台公司签署三方协议，参与了公共数据的流通管理，依托数据合规审查与确权登记，确保数据来源合法、隐私保护到位。公司不仅在青岛数据资产登记平台获得了数据资产登记证书，还通过数据资产的资本化、证券化等金融产品创新，探索了数据资产的流通和管理。公司的数据资产流通管理策略包括数据产品的交易流通、数据资产的融资增信、作价入股、质押贷款等，旨在释放数据要素价值，构建数据价值释放生态。此外，公司还计划与龙头企业合作，建立数据要素生态联盟，促进区域内数据要素价值的释放。在"数据合规审查与确权登记"阶段，公司遵循了数据安全相关的法律法规和国家信息安全技术标准体系，由专业律师事务所进行全方位的合规审查，确保了数据来源的合法性和内容的安全合规性。

最后，在资产运营标准上，建投聚禾建立了一套完善的数据治理和资产运营体系。公司在数据资源化和资产化的过程中，注重数据的有效治理和管理，确保数据质量的可靠性和数据血缘的清晰性。在数据产品开发立项阶段，公司明确了项目管理的可靠性和资源投入的可计量性，确保了研发流程的清晰性和资源使用的明确性。此外，公司还依据数据应用场景和经济性，挖掘了数据的外部经济可行性，形成了基于统一会员的大民生服务和市北民生画像等多业务应用场景。在“数据质量评价”阶段，结合数据现状、业务需求和商业应用场景，由外部专业机构对数据资源集开展评价，并输出数据质量评价报告，确保数据资源入表的质量和价值。

进一步地，按照公共数据资产全生命过程将青岛市北建投聚禾数据资源入表的探索与实践进行归纳总结，可发现建投聚禾数字科技发展有限公司做了以下工作（见表3－2）。

表3－2　青岛市北建投聚禾数据资源入表的探索与实践

公共数据资产全生命周期管理过程	数据资源	数据资产	数据产品	数据商品	数据运用	数据销毁或复用
青岛市北建投聚禾数据资源入表的探索与实践	通过信息化项目收集和积累大量民生活动数据资源，如智慧停车、智慧安防、智慧商贸、数据中心等	识别和筛选高价值数据资源，确保满足无形资产定义和确认条件	通过数据资源化与产品立项开发，进行有效治理，确保数据范围明确、产品研发流程清晰	探索数据资产的流通和管理，包括资本化、证券化等金融产品创新	注重数据的有效治理和管理，确保数据质量的可靠性和数据血缘的清晰性	实践中暂未具体提及

总体而言，建投聚禾数字科技发展有限公司在数据资产的探索与实践中，通过市北民生公共服务信息化项目的实施，积累了丰富的民生活动数据资源。公司依据国家政策和财政部的《暂行规定》，对数据资源进行了系统的盘点、治理、合规审查，并成功实现了数据资产化和入表，推动了数据资产的资本化和证券化。同时，建投聚禾还积极探索数据资产的流通管理和运营标准，与合作伙伴共同构建数据要素产业生态，促进了数据价值的有效释放和区域经济的共同发展。

3.1.1.3 山东数据交易有限公司的探索与实践

山东数据交易有限公司是山东省级统一的综合性数据服务平台，致力于数据要素市场化配置。公司秉承“1+4+3”的运营模式，即一个定位、四个功能和三个体系，以推进数据要素市场化配置为使命，构建了公信力、影响力、聚合力的服务体系。从股权结构看，公司由山东产权交易集团、山东高速信息、联通大数据、上海数据发展科技有限公司以及山东国赢资本管理有限公司等共同持股，形成了以省属一级国有独资公司为主导的股权结构，确保了公司在数据要素市场化配置中的资源和数据源支持。公司的运营模式突出了数据交易、标准制定、产业孵化和社会服务四个功能，并紧扣高水平建设山东大数据交易中心的定位。通过打造公信力、影响力、聚合力三个体系，公司致力于构建规范高效的数据交易场所，优化数据交易管理，推动公共数据、国企数据和社会数据的入场交易。

公司的业务涵盖了数据资产登记、数据知识产权登记、数据资产入表评估服务以及交易流程管理等多个方面。公司建立了

“先登记，后交易”的交易范式，通过数据登记、交易审核、交易磋商、合同签署和交易鉴证等环节，提供全流程的交易服务。为保障数据交易业务规范开展，公司制定了《数据交易规则》《数据（产品）登记规则》等10余项制度。同时，公司还参与了国家标准和团体标准的编制，如《信息技术 大数据 数据服务能力服务评估 第1部分：评估模型》《企业数据范式交易要求》，推动了数据交易领域的标准化发展。

从数据交易服务看，公司建立了数据（产品）登记、数据知识产权登记、数据资产登记等服务体系，为企业提供数据增信、宣传推广、监督渠道和溯源体系等服务，同时承接了数据知识产权在山东省的试点支撑工作，推动了数据资产的质押融资。此外，公司构建了“1+N”多层级的数据要素市场体系，包括7个区域分平台和5个行业专区的建设，实现了数据交易的区域和行业覆盖，并参与了全国数据交易联盟的构建，推动了数据交易机构的协同发展。

基于相关的制度规范和服务体系构建，公司开展了场内交易业务，引导企业将数据资源开发为数据产品，满足市场需求。同时，公司还探索了公共数据产品交易业务，建立了“一体化平台+授权运营平台+数据交易平台”的模式，推动了公共数据的高质量开放和创新利用。

与此同时，公司还积极推动数据要素生态培育。公司通过构建数商体系、生态合作、全国性机构等，搭建了“数商+联盟”的生态架构，促进了数据要素市场的健康发展。此外，公司还协助举办了山东数据应用创新创业大赛，推动了数据创新应用的生态体系建设。

分析发现，山东数据交易有限公司通过政策支持、股权结构优化、运营模式创新、业务体系完善、制度规则建立、服务体系健全、市场体系搭建、业务模式探索以及生态培育等多方面的努力，在资产确认方面，依据《山东省数字政府建设实施方案》等政策文件，通过山东省数据资产登记平台，为企业提供数据资产登记服务；在资产流通管理方面，通过构建“1+N”多层级的数据要素市场体系，推动数据交易和流通；在资产运营标准方面，建立了全流程的交易服务体系，包括交易审核、交易磋商、合同签署和交易鉴证等环节。

进一步地，按照公共数据资产全生命过程将山东数据交易有限公司的探索与实践进行归纳总结，可发现山东数据交易有限公司做了以下工作（见表3-3）。

表3-3　山东数据交易有限公司的探索与实践

公共数据资产全生命周期管理过程	数据资源	数据资产	数据产品	数据商品	数据运用	数据销毁或复用
山东数据交易有限公司的探索与实践	通过数据登记、交易审核等环节，提供全流程的交易服务	建立“先登记，后交易”的交易范式，提供数据资产登记服务	建立数据（产品）登记、数据知识产权登记、数据资产登记等服务体系	推动数据资产的质押融资，构建“1+N”多层级的数据要素市场体系，实现数据交易的区域和行业覆盖	通过政策支持、股权结构优化等，推动数据交易和流通	实践中暂未具体提及

综合各案例实践来看，数据资产化实践存在多样性，例如，浪潮软件集团通过数据资产登记服务平台进行全过程管

理，强调了数据资产的合规监管和确权转化；建投聚禾在数据资源入表的探索中，重视数据资源的盘点与梳理，以及数据治理与立项开发，确保数据资源的合规性和应用场景的明确性。同时，技术支撑的重要性日益凸显，例如，浪潮软件集团利用区块链、数据安全和数据智能等技术，提供可溯源、防篡改的链上登记服务；山东数据交易有限公司通过技术支撑，如 DCMM 贯标和数据产品开发，帮助企业完成数据资产管理和价值评估。

通过对已有实践进行总结，发现现有公共数据资产的管理大致经历了从数据资源到数据资产，到数据产品，再到数据商品，进而被广泛运用，最终对数据进行销毁几个阶段。但是，针对数据复用的具体信息，在现有实践中并没有被直接提及。而对数据进行再次利用以发挥其潜在价值，不仅有助于扩大数据资产的价值释放，也是数据资产的全生命周期管理非常值得关注的一个环节和内容。因此，在后续公共数据资产全生命周期管理的分析过程中，有必要增加对数据复用环节的考察。

3.1.2 公共数据资产全生命周期管理分析

公共数据资产的全生命周期管理是指从数据资源到数据资产，到数据产品，再到数据商品，进而被广泛运用，最终对数据销毁或复用的过程，具体如图 3－1 所示。公共数据全生命周期是加强资产管理的过程，制定公共数据资源全生命周期管理的操作流程和规范标准，完善公共数据资产管理和运营的标准，明确各部门在其中的权利和职责，是促进公共数据资产化和市场的必要条件。从公共数据资源转化为公共数据资产，再进一步转化为公共数据产品进行交易和流通，其中需要多个参与部门共同将其生产和加工，甚至进行再加工处理，此后变成公共数据产品在市场上进行交易，具体如图3－1下半部分所示。这其中涉及诸多参与方，且涉及多个环节，必须制定统一、一致和科学的标准，使得整个流程合法合规、有理有据以及标准统一。

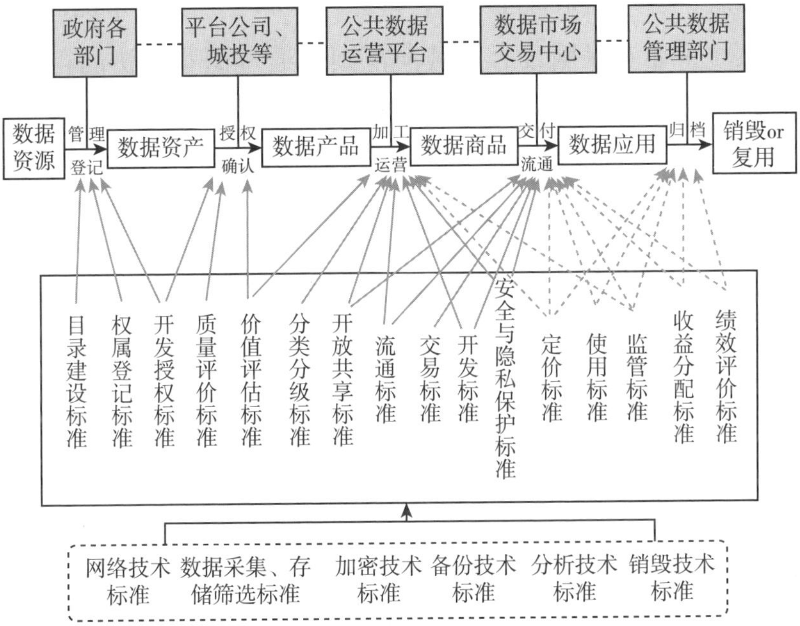

图3－1 公共数据资产全生命周期过程

公共数据资产从意识形成到开发利用，经历了一个变化的过程，根据对中共中央、国务院以及各个地方文献政策梳理和各个地方的数据开发利用的实践，大致经历了数据资源化阶段、公共数据资产化阶段和数据资本化阶段，在此过程中，数据产品始终贯穿这三个阶段。只有数据实现产品化，才能不断从数据资源演化为公共数据资产，从公共数据资产演化为数据资本，实现数据的价值化。数据的价值变化也是围绕这几个阶段进行。

3.1.2.1 公共数据初始化阶段：数据的资源化

数据来源于人们的生产生活，这些数据存在于各个公司、企业、政府机关和机构的系统内部，大致有以下几种途径：一是内部业务系统，如超市的销售系统，企业内部订单、库存、供应链管理系统，客户关系管理系统，财务体系和各级行政系统；二是网络系统，如互联网或者局域网范围内通过浏览器访问得到数据，搜索引擎访问数据；三是收集 App 数据，包括收集内置的传感器、位置、吃穿住行等；四是爬虫对手数据、公开整理数据、购买外部数据；五是人工形成的各类技术文件等数据。显然，公共数据多为原始数据，大多数产生伴生于执行公务过程中，是其在履职过程中自然形成的，如自来水公司的居民用水数据。供水范围内的每家居民用水量，会在自来水公司形成详细的数据，包括各个时间段、不同时间点的数据，都会汇集到自来水公司的数据平台，形成供水范围内的用水数据资源。政府部门将类似如用水数据资源汇集后，将形成一个公共数据资产池，资产池中包括各行各业的数据资源，形成可以开发、挖掘、共享和利用的数据资源。

这些数据经过采集、传输以后，进入暂存区域，然后经过数据处理，包括抽取、转换、加载，经过数据清洗、关联、规范化处理，存储于数据仓库，成为可以开发的数据资源池。因此，数据资源池是数据价值发现和挖掘的基础，数据资源汇集在一起，还需要找到可以发挥作用的地方。

进一步地，数据资源化对公共数据资产标准体系的构建而言，前者是后者的起点，数据资源化是公共数据资产标准体系构建的初级阶段。数据资源化涉及数据的收集、存储、清洗等初步处理阶段，通过这一阶段的初步处理，将来自不同来源的数据转换成统一格式，确保收集的数据准确、完整、一致，为后续的资产化和标准构建打下坚实基础。

3.1.2.2 公共数据的实现阶段：数据的资产化

数据资源汇集后，将数据资源的潜在价值进行释放，就转变为公共数据资产，实现数据资源的资产化，需要对数据经济价值的发现和挖掘，需要考虑数据资源在法律和财务等方面实现的可能性，同时还需要考虑数据在不断变化的市场环境条件下的应用性，即数据运营需要满足的市场环境。因此数据的资产化也就包括三个方面的内容：一是以价值发现为目标，根据特定的业务需求和场景，通过用户、业务或流程逻辑进行数据治理、组合与运用，将数据资源加工、封装形成用于辅助用户做出更优决策或行动，可以在组织内外共享或流通的、可产生经济效益的数据产品或服务，此方面可概括为数据产品化；二是通过对数据资源、数据产品或服务、数据业务进行合规审查、数据确权、价值评估、安全管理等，使其具有可进行市场交换的能力，也就是交换价值，成为可统计计量的公共数据资产；三是数据作为产品被数据经济活动来使用，通过数据运营平台，制定运营规则，构建商业模式，将公共数据资产通过流通交易给使用者或所有者，帮助其进行决策，数据的价值也通过一系列的交易和流通活动得以体现。可见，公共数据资产化过程不仅涉及数据的商业化和产品化，还涉及确权、评估和交易，更关注于将数据的内部价值转化为外部市场价值。

（1）数据产品

数据产品反映了数据价值扩展的过程，在这个过程中，数据的形态和价值不断变化，通过对数据资源赋予创新型劳动和实质性加工，形成满足特定应用场景需求的数据产品，实现数据的增值。数据增值的主要组成部分除数据本身的增值外，还包括经济增值和社会增值。经济增值通过充分对接市场需求，以多行业场景赋能，提升数据产品的价值；社会增值通过公共数据资产化带来社会价值，包括企业社会绩效、就业增长、税收创造等一系列有助于社会发展的价值化过程。因此，在数据产品化方面，公共数据资产价值影响因素中的行业赋能和应用场景是最重要的影响因素，工业品、农产品，乃至医疗、教育、旅游、健身、气象等领域赋能数据产品，形成新业态、新模式，与5G、人工智能、物联网、大数据等新一代信息技术相互融合，使公共数据资产价值得以加倍跃升。

（2）数据估值

数据形成产品后，需要对数据产品的价值进行评估，在会计领域，需要将数据确认为资产负债表中的“资产”项，即数据资源进入资产负债表，此时需要测算公共数据资产或者产品的价值，入表是数据资源转变为公共数据资产的主要方式之一，数据不再仅是资源，数据还是资产，是个人或组织资产的重要组成部分，成为产生财富和价值的基础，并具备了交易的条件。在这个阶段，公共数据资产的合法合规性、权属及利益分配、应用风险和数字计量方法及结果是影响公共数据资产价值的核心因素。公共数据资产的合法合规是公共数据资产化的底线，公共数据资产权属及利益分配细节的确定为实现数据交易奠定了基础，公共数据资产应用风险的高低制约着公共数据资产的价值能否安然实现，公共数据资产的计量评估为公共数据资产交易流通提供合理的定价依据。因此数据产品或者资产的估值，成为是否顺利且合理入表、反映公共数据资产潜在风险及价值的必备环节。

（3）数据应用

在这个环节其价值如同其他实体产品形式一样，具有商业价值，被体现在由自己产生的数据经济活动中，数据产品与数据服务在数据经济中发挥了巨大作用，提供了更多的经济形态，可以直接产生商业价值。因此这实现数据产品，为数据产品提供部门带来经济利益。此外，数据产品的交换过程还会发挥数据市场的流通作用，创造了交换价值的增值。商业价值和交易溢价是数据产品在数据流通交易阶段的价值增值。在这一阶段，市场组织是最重要影响因素，数据的交换价值与市场的组织形式密切相关，从分散交易到各地普遍成立交易场所和交易平台的初步建立，再到交易场所逐渐规范化，多样化的数据产品在市场中实现供需关系的精准对接、高效生产和统筹调配，打破原有价值链，交易价值越来越得到充分的实现和凸显。

进一步地，数据资产化对公共数据资产标准体系的构建而言，前者是后者的重要驱动力。通过资产化可将数据资源转变为具有明确经济价值和可交易性的资产，因此，由于资产化过程强调数据的经济价值，数据资产化可推动公共数据资产标准体系的建立以支持数据价值的发现、评估和实现。

3.1.2.3 公共数据价值的虚拟阶段：数据的资本化

公共数据资产资本化是指通过各类资源配置方式或流通方式，实现投入产出的管理，使得公共数据资产能够成为资本性资产，公共数据资产资本化是公共数据资产利用的最终结果。公共数据资产被进一步赋予金融属性，如数据信贷融资、数据证券化、数据银行、数据信托、数据质押、数据入股等，就实现了公共数据资产的资本化，数据资本化是继续拓展数据价值的途径，其本质是实现数据要素的社会化配置，数据要素与资本要素协同融合，形成数据资本，进而反向刺激数据资源的形成，完成数据的资本化，实现公共数据资产虚拟性。

数据市场的治理体系是影响数据资本化阶段的重要因素。数据要素市场作为一个新兴市场，市场设施、制度、规则等都不完善，尤其是数据具有强烈的外部效应，与国家机密、商业秘密、个人隐私等紧密相联，健全的数据市场治理体系对于数据资本化能否顺利实现至关重要。

进一步地，数据资产化对公共数据资产标准体系的构建而言，前者对后者的作用体现在推动数据资产的金融化处理上，要求标准体系能够支撑数据资产的评估、定价和交易，确保数据资产能够作为资本参与市场流通。这一过程需要标准体系确立数据资产的价值评估模型、交易规则和风险控制机制，以促进数据资产的市场交换和经济增值。同时，资本化还要求标准体系强化数据安全和隐私保护，确保数据资产流通的合规性，防止数据滥用和泄露。总之，资本化是推动公共数据资产标准体系向更高层次发展的关键动力，它要求标准体系不仅要技术先进，还要法律合规、经济可行、安全可控。

3.2 公共数据资产标准体系的必要内容

2023年12月31日，财政部出台了《关于加强数据资产管理的指导意见》，出台了关于构建数据基础制度的决策部署，规范和加强数据资产管理，以推动数字经济发展，为本书的研究提供了方向和指引。构建公共数据资产标准体系，即规范数据资产采集、流通以及安全的全流程运行标准。公共数据由政府、事业单位和社会机构等机构产生，涵盖了经济、社会、文化和生态等诸多方面的信息，有助于提高公共数据资产的质量，增强公共数据资产的准确性和有效性，促进政府、事业单位以及相关部门的科学决策，推动经济社会高质量发展。

推动公共数据资产入表，释放公共数据资产的经济价值，必须制定公共数据资产确认标准、流通管理标准、运营标准和技术标准。公共数据资产确认标准为公共数据资产的开发利用提供了基础，为公共数据资产的流通和运营奠定基础。通过鼓励依法依规推进公共数据资产有效供给，加大数据资产信息的公开和披露力度，明确了公共数据资产的权属问题，提高了公共数据资产流转的透明度，并且通过质量和价值评估，确保公共数据资产高效运转。流通管理标准对于促进数据交易、安全、合理配置和高效利用，推动经济社会数字化转型和高质量发展具有重要意义。公共数据资产运营标准明确了公共数据资产的收益分配、绩效评估和监督等系列问题的处理标准，有助于提升单个地方、行业或领域的运营水平。同时，公共数据资产的技术标准为保障公共数据资产的确认、流通和运营提供了技术支撑，也是在制定公共数据资产标准时，特别需要关注的部分。

3.2.1 公共数据资产确认标准

构建和完善公共数据资产确认的标准，是公共数据资产入表的前提基础。浙江省财政厅联合浙江省标准化研究院探索建立的浙江省地方标准《数据资产确认工作指南》已于 2023 年 12 月 5 日起正式实施，成为公共数据资产确认标准制定的范本。公共数据资产确认标准包含目录建设标准、权属登记标准、授权标准、质量评价标准、价值评估标准。目录建设标准是公共数据资产确认的基础，有效提高了公共数据资产的透明度，有效提高了公共数据资产的利用效率。权属登记标准和授权标准是公共数据资产确认标准中的关键环节，明确了公共数据资产的权属问题。质量评价标准和价值评估标准则是公共数据资产确认标准的核心保障，不仅明确了公共数据资产的质量，并且对公共数据资产的价值进行估计。这五个标准，相辅相成，共同组成公共数据资产确认标准的关键内容。

（1）公共数据资产目录建设标准

公共数据资产目录主要规定数据资产目录体系组成以及目录编制实施的组织、流程和要求等，主要包括目录体系、目录编制、目录数据以及目录编码构成等标准，目的是摸底公共数据资产数据总量，以及可以开放共享和开放利用的元数据规模等。

（2）公共数据资产权属登记标准

公共数据资产的权属登记主要依据有关法律法规，结合数据资产可协同、可复用、可融合、可流动的特点，研究制定公共数据资产持有权、加工使用权和产品经营权的确权标准，主要包括权属的主体、权利内容、权利状态等。公共数据是由不同的用户主体参与共建而产生于相应的公共服务平台，数据由用户产生，而相应的内容由平台掌控，相应的平台若想将产生的数据运用于不同的场景，便需要对数据的归属权进行界定。

（3）公共数据资产授权标准

公共数据资产的开发和利用需要根据《数据安全法》《网络安全法》《个人信息保护法》等法律法规，确定可开发的数据资产种类、数量和技术规范，确认可以授权的数据资产规模和开发利用与加工使用的要求，主要包括可开发数据范围、对象、内容，数据的授权主体、授权对象、授权内容等。

（4）公共数据资产质量评价标准

公共数据资产的质量是科学决策的基础，为此，必须制定相应的标准，以对公共数据资产的质量进行有效的控制。针对可开发的数据资产进行质量评价，在考虑数据资产需要的基础上，制定符合开放共享和开发利用的数据资产质量评价标准，主要包括规范性、整体性、一致性、及时性、安全性、可访问性等内容。首先，在公共数据资产采集、存储、共享等流程中，要加强监督和考察，以减少数据失误，及时发现并纠正相关的数据失误问题，定期对公共数据进行更新和维护；其次，公共数据的隐私保护可能导致关键信息无法反映的情形，必须构建公共数据隐私保护和公共数据信息的平衡标准，在保护用户的隐私的基础上，提高数据的可用性，提高公共数据资产的质量；最后，引入公共数据资产质量控制的机构和平台，对公共数据的使用全过程进行监督，以确保公共数据资产的相关用户获取和使用的数据的可靠性，提高公共数据相关用户决策的科学性。

（5）公共数据资产价值评估标准

公共数据资产价值评估标准是公共数据资产能否在市场上流通的关键，主要包括市场定位、资产定价和资产复核等内容。首先，对于公共数据生产和加工处理的平台而言，其可能无法精准确定公共数据资产的市场定位，由此，需要引入专业的市场分析机构和资产评估机构，对公共数据资产的潜在用户进行精准分析；其次，在用户画像的基础上，引入专业的资产评估机构，根据相应类型的数据资产类比，依据可比性原则，以及资本资产定价模型，确定公共数据资产的市场价格，公共数据资产的定价为市场流通提供了标准和依据；最后，引入专业的公共数据资产培训和复核机构，并有相应的机构准入标准，其中的公共数据资产培训机构，对各地政府、数据要素型企业、数据集团、数据交易所、数据服务商等机构组织从事数据管理、数据资产化相关工作的人员，进行公共数据要素政策解读、法律法规、数据资产化和数据价值评估等众多方面的专业知识的培训，在复核机构方面，制定相应的复核流程和标准，以确保公共数据资产的定价合理合规。

3.2.2 公共数据资产流通管理标准

公共数据资产流通管理标准能够保障数据资产的安全和合规利用。通过建立严格的数据分类分级管理制度，明确数据的权属和使用权限，确保敏感数据得到妥善保护，同时促进可开发利用的数据合规推进资产化，发挥其最大价值。公共数据资产流通管理标准包括分类分级标准、开放共享标准、流通标准、交易标准、开发标准、数据安全与隐私保护标准。其中，分类分级标准和开发标准是公共数据资产流通管理标准的基础，为公共数据资产的流通管理奠定基础，更是其他标准发挥作用的基础。开放共享标准、流通标准和交易标准，是公共数据资产流通管理标准的核心内容，有助于公共数据资产的高效流通。数据安全和隐私保护标准则是公共数据资产流通管理标准中的关键保障，为公共数据资产流通提供了安全屏障，确保其他公共数据资产流通管理标准的有效实施。

（1）公共数据资产分类分级标准

对公共数据资产进行分类分级时，为满足数据安全管理、敏感数据管控、数据开放共享、开发利用等需求，需要规定数据资产分类分级的原则、模型、方法、编码规则和管理流程等，主要内容包括数据资产分类分级主体、分类分级业务范围及实体数据要求、分类分级方法、分类分级等级、分类分级变更、分类分级数据获取与提供责任等。根据公共数据资产的属性和特征，按照一定顺序、原则和方法，对数据资产进行分类分级，以便于数据资产分类管理和共享，满足开放共享和开发利用的总体要求。首先，纵向考察公共数据的产生过程，需要根据产生公共数据的部门和平台的性质和层次级别，对公共数据进行初筛和分级，并且明确规定不同数据产生平台的级别；其次，横向看待公共数据的产生过程，需要根据公共数据所涉及的内容进行分类，可按照经济、社会、生态、文化和环境等标准进行分类和归纳处理；再次，将公共数据的处理流动纳入考察，由于公共数据所涉及的内容和性质存在较大的差异，而且可能对数据所涉及的内容，需要进行脱敏和隐私保护处理，不仅需要对数据的涉密级别进行加密和编码处理（由此数据脱敏和加密处理，会导致部门信息内容的丢失），而且还要对数据的可运用性的质量级别进行分类；最后，由于不同公共数据，可能的利用方向和运用场景存在不同，还需要根据公共数据的运用场景和潜在用户进行分类，提高数据的利用效率（见图3－2）。

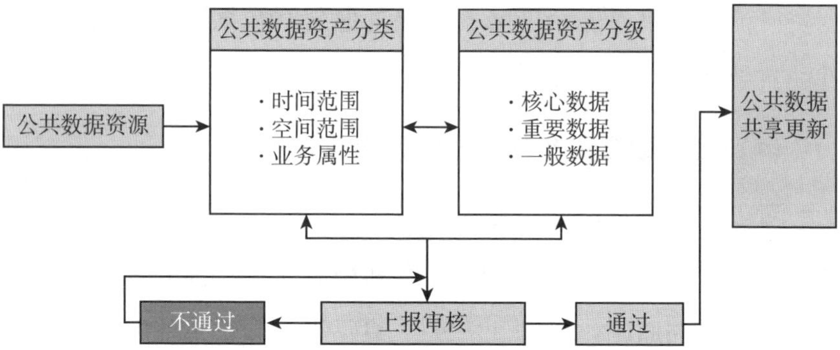

图3－2　公共数据分类分级标准

（2）公共数据资产开放共享标准

公共数据资产开放共享标准主要包括共享原则、共享条件、共享对象和共享内容等。根据《深圳经济特区数据条例》，公共数据按照开放条件分为无条件开放、有条件开放和不予开放三类。在公共数据资产授权范围内，可对数据资产进行访问、咨询，也可将数据用于科学研究、技术服务等。按照相关法律法规，在一定条件下，将公共数据资产授权给具有承担社会责任能力的第三方共享使用，遵循“原始数据不出域、数据可用不可见”的原则。为了便于开放共享相关各方的利益核算，此处也需要引入数据资产评估标准，以充分体现各利益相关方的服务效能和作用贡献大小。

（3）公共数据资产流通标准

公共数据在安全、合规和许可授权的前提下，在数据提供方、数据接收方和数据流通服务机构之间能够合理、有序流动的标准。其主要包括数据的授权对象、提供方、接收方、服务机构、时效等内容。在公共数据流通过程中，数据资产权利主体应借助中介机构力量和专业优势，有效识别和管控数据资产化、数据资产资本化以及证券化的潜在风险。构建公共数据资产交易中介机构的准入标准，发挥公共数据资产交易中介机构在数据流通交易过程中作用，包括评估、咨询、法律、担保、审计等相关机构，发挥各个参与方在“数据价值发现者、数据交易组织者、交易公平保障者、交易主体权益维护者”方面的作用。

（4）公共数据资产交易标准

公共数据资产交易标准是指公共数据资产经过授权后，对数据资产进行交易所形成的交易标准。其主要包括交易主体、交易对象、交易行为、适用范围、授权期限、交易受限、等级结算、交易仲裁等的标准。流通标准可以与交易标准合并，构成流通交易体系。在交易过程中，需要严格按照相关法律条例进行，不仅要保证公共数据资产持有方、使用方和运营方的权益，对公共数据资产交易的潜在风险进行检测和合法规避。制定有关公共部门和公益部门使用公共数据资产的交易标准，给予公共部门和公益部门有条件无偿使用公共数据资产的权限标准。还要将公共数据资产交易所得，纳入税收体系并制定相应的税率标准，公共数据资产交易中所产生的收益，各受益主体需要依据相关税务法律法规，向国家相关部门纳税。

（5）公共数据资产开发标准

公共数据在安全、合规和许可授权的前提下，对其进行有条件有偿使用和有条件无偿使用的加工和处理过程形成的标准，使数据符合使用要求的规范，主要包括数据的开发主体、开发对象、开发条件、开发内容、开发目的、开发责任边界以及时效等内容。

（6）公共数据资产数据安全与隐私保护标准

依据《数据安全法》《网络安全法》《个人信息保护法》相关规定，公共数据开发利用过程涉及数据安全与隐私保护标准，从公共数据的生产和交易角度来看，涉及公共部门和公共数据用户。数据安全与隐私保护标准主要包括数据加密、访问控制、安全审计、备份与恢复等内容。首先，隐私保护是国家赋予每一位公民的合法权利，然而数据中包含着诸多用户的个人隐私问题，在公共数据产生和获取的过程中，应对一些用户的隐私进行脱敏处理；其次，公共数据由政府和事业单位等机构产生，其中可能包含相关机关部门单位的隐私数据，严重者可能涉及国家机密和安全，若要对公共数据进行使用和分析，还需要对一些关键和核心词汇进行屏蔽处理；最后，公共数据作为一种重要的生产要素，具有相应的价值，在数据分享和传输过程中，需要特别关注数据权限和加密问题，需要更加注重现代密码学和区块链技术的运用，以保障相关数据运营单位的合法权益不受侵犯。

3.2.3 公共数据资产运营标准

公共数据资产运营标准有益于规范公共数据资产发展，促进公共数据资产价值释放，提升其运营水平。公共数据资产运营标准的建立有助于提升单个地方、行业或领域的运营水平。公共数据资产运营标准包括定价标准、使用标准、监管标准、收益分配标准、绩效评价标准。在这些标准中，涉及不同的利益主体、不同的参与方和不同的机构部门，有的标准只涉及某一个环节，有的标准涉及多个环节，同时，有的参与方只涉及一个标准，有的参与方会涉及多个标准。标准的制定、实施和管理需要多部门的协调合作，重要的参与方包括资产价值评估机构、数据资产价值审核机构、数据资产运营审查机构和数据管理人员的培训机构等，充分发挥这些机构的专业作用，将有助于数据资产管理标准的落地实施，保障数据资产的高效管理和数据资产畅通运营，实现数据资产的资产化、资本化。在这些标准中，使用标准是公共数据资产运营标准的基础，定价标准和收益标准则有助于公共数据资产在市场上的交易流通，是公共数据运营标准中的核心部分。而监管标准和绩效评价标准，则是公共数据资产运营标准的关键，为公共数据资产的价值变现的持续性提供了保障。

（1）公共数据资产定价标准

数字经济环境下的数据资产具有大量、多样、高速等特征，加上其价值的不确定性、稀缺性和多样性，导致传统的资产定价方法无法有效解决数据定价的问题，数据资产定价标准的研究可在借助无形资产的成本法、市场法、收益法等评估方法基础上，考虑数据的价值密度、应用场景、变化频率等因素，制定综合定价方法。其主要内容包括定价主体、定价对象、定价依据、定价方法、定价内容等。

（2）公共数据资产使用标准

数据资产的适用以符合开放共享和开发利用、实现经济价值为导向，在符合法律法规的条件下，对数据资产社会治理、市场交易流通、数据资产证券化、数据资产抵押贷款、数据资产投资入股等潜在的应用模式下的数据资产规范，包括数据资产公共服务、协同优化、复用增效、融合创新、运营增值等的具体细化。

（3）公共数据资产监管标准

在数据资产确认、流通和运营过程中，对数据资产评估、定价、交易、使用等行为进行监督和管理，确保数据资产的合法合规和安全的使用监管规范。其主要包括数据资产监管主体、监管对象、管控措施、审计追溯等方面具体标准。在监管过程中，制定公共数据资产授权运营和使用管理的标准，对公共数据资产交易行为进行尽职调查，规范公共数据资产评估，严防虚增公共数据资产价值。对失去价值、没有保存要求的公共数据资产，制定相应的销毁标准，进行安全和脱敏处理后及时有效销毁，严格记录数据资产销毁过程相关操作。

(4) 公共数据资产收益分配标准

促进公共数据资产在市场上的流通，在产权明细的基础上，对数据资产进行价值评估，要想公共数据资产能够真正流动起来，还必须制定科学合理的收益分配标准。根据各类生产要素按其贡献参与收益分配的要求，对数据资产的收益进行合理的分配标准，主要是数据持有者、加工者、使用者等不同利益群体之间进行的合理分配，主要内容包括收益对象、收益范围、收益分配原则、收益方法、收益计算、收益分配等，按照“谁投资、谁贡献、谁收益”的原则，构建按投入比例和授权许可获取收益的标准，拓展公共数据资产权益在特定领域和经营主体范围内入股、质押等，促进公共数据资产多元化流通。完善公共数据资产再分配机制，对于依据相关法律对数据资产进行的再挖掘和再加工，按照其相应的投入制定再分配标准。

(5) 公共数据资产绩效评价标准

数据资产运营绩效评价是对数据运营主体在数据资产运营指标的基础上提供了评价的方法和流程，为数据资产的运营提供了评价依据，主要包括交易合规性、交易场所建设、交易场所服务、交易平台建设、交易平台运行等标准，目的是规范交易行为、保障平台平稳运行，促进数据资产的高效合理使用。

3.2.4 公共数据资产技术标准

数据技术标准是实现数据资源搜寻、整理、开发和利用的基础，是实现数据资产管理的前提。公共数据资产的技术标准包括网络技术、数据采集、存储筛选、加密技术、备份技术、分析技术和销毁技术标准等。其中，网络技术是公共数据资产技术标准的基础环境，数据采集和存储筛选则是对公共数据资产的基础处理部分。分析技术、加密技术和备份技术，则是对公共数据资源加以处理，并且使其成为公共数据资产、释放经济价值的关键。销毁技术则是公共数据资产的安全保障，确保公共数据资产安全可追溯。

（1）公共数据资产网络技术标准

公共数据资产的网络技术标准定义强调其在网络环境中的重要性，涉及数据收集、存储、使用、加工和传输的各个环节。公共数据资产的网络技术标准主要是集中于数据的交换和共享方面，需要进一步明确不同数据源之间的数据交换格式、频率和方式。数据交换技术确保不同系统之间的数据能够顺利交换和共享。成都市制定了《公共数据资源体系 第 2 部分：交换技术规范》，该规范明确了公共数据资源交换的技术框架，包括数据库交换模式、文件交换模式和服务接口交换模式等。在《政务信息资源共享管理暂行办法》中，明确了政务信息资源共享的原则、范围和程序，为政务数据的共享提供了规范。制定数据交换协议和标准，确保不同系统间的数据能够准确、高效地进行交换和共享。

（2）公共数据资产收集、生成和存储技术标准

收集技术标准主要是数据资源的溯源、质量控制和控制访问技术；生成技术标准主要包括清洗、转换和整合，确保数据资源的一致性和可用性；数据存储标准包括存储标准、存储介质和恢复等方面的技术。

（3）公共数据资产加密技术标准

公共数据资产的加密技术标准主要包括对称加密、非对称加密和哈希函数等内容。对称加密是一种使用同一个密钥进行加密和解密操作的技术。AES 和 DES 是对称加密中的两大主流算法。非对称加密使用一对密钥，即公钥和私钥。RSA 和 ECC 是非对称加密中的两种主要算法。哈希函数将任意长度的输入数据映射到固定长度的输出（哈希值），该过程通常是不可逆的。

（4）公共数据资产备份技术标准

根据公共数据资产的业务内容和性质，选择合适的备份技术。公共数据资产备份技术标准主要包括备份对象、备份时间、备份方式、备份存储位置等。对于关键性内容，可以采用全量备份和增量备份相结合的方式；对于非关键性内容，可以采用全量备份或差异备份的方式。此外，还可以考虑使用自动化备份工具，提高备份效率。

（5）公共数据资产分析技术标准

数据分析是公共数据资产化的核心，主要包括数据模型、数据标准、数据质量、主数据管理、数据安全管理、元数据管理等内容。由于公共数据的复杂性和多样性，需要采用先进的数据分析技术，如大数据处理、机器学习和人工智能等，以提取有价值的信息和洞察。而这要求技术平台具有高性能的计算能力和智能分析能力。

（6）公共数据资产销毁技术标准

数据资产销毁必须符合法律法规要求，确保数据资产在销毁过程中不会违反任何法律法规，并且采用专业的技术手段彻底销毁数据。公共数据资产销毁技术标准主要包括数据删除、数据清除和物理销毁等内容。在数据删除时，需要确保数据的彻底清除，以防止数据泄露或被恶意恢复。此时，需要制定严格的数据删除政策，选择可靠的数据删除技术，严格记录数据资产销毁处置的全过程，确保数据资产销毁过程可追溯。

3.3 公共数据资产标准体系急需制定的标准

2022 年 6 月，我国出台了“数据二十条”政策，指出对数据的利用，要以维护国家数据安全、保护个人信息和商业秘密为前提，尤其对于公共数据，要在保护个人隐私和确保公共安全的前提下加以利用。2023 年 10 月 25 日，国家数据局正式揭牌，以及“数据资产入表”政策的落地，均表明数据要素资产化仍是数字经济建设的发力点之一。公共数据资产的开发和利用，将优化相关数据需求部门决策过程和依据，并且拓宽地方政府的收入来源。为促进公共数据资源的开发和利用，政府部门和企业做出不同程度的探索和尝试，为相应的市场化制定了标准和相应的流程。

现有关于公共数据资产标准体系的内容主要是从数据资源开发利用、数据要素市场化与流通、数据产权与收益分配、数据标准化与评估、数据要素治理、数据资产会计处理、数据资产监督与管理、数据安全与保护等维度制定，在一定程度上解决了公共数据资产的市场化流通和交易中遇到的问题。然而，产权归属、资产定价、数据安全与隐私保护方面以及收益分配等方面标准的制定，是直接影响公共数据资产能否进行市场交易的紧迫需要解决的问题。

3.3.1 目前公共数据资产管理方面关键性问题

3.3.1.1 公共数据资产确认方面的关键性问题

公共数据资产确认标准包括目录建设标准、权属登记标准、授权标准、质量评价标准和价值评估标准。公共数据资产确认的关键问题是公共数据资产权属登记和授权两个方面。权属登记和授权是公共数据资产价值变现的起点和基础。明确公共数据资产归属问题，数据的合法性和合规性才能得到保证，明确了各方的权利和义务安排，确保了公共数据资产的合法拥有和控制，避免了数据滥用和侵权行为，进一步减少在公共数据资产交易中的利益纠纷。此外，公共数据资产可以复制，重复使用过程中的授权问题也是非常需要关注的方面。解决好权属登记和授权问题，才能有效保证公共数据资产的合法合规，减少权属边界模糊的问题，确保交易顺畅，从而实现公共数据资产的价值最大化。

权属登记问题，是一切公共数据资产价值变现的起点。产权清晰，能够降低交易成本，有效提高交易效率。尽管很多城市和企业已对公共数据资产的产权登记等进行了相关探索，但是目前关于公共数据资产的确权问题仍未得到解决。例如，《衡阳市政务数据共享开放管理办法》中的相关探索，以及“数据二十条”提出建立数据资源持有权、数据加工使用权和数据产品经营权

“三权分置”的产权制度。公共数据资产确权难，主要来源于三个方面：（1）公共数据生产、资产化以及再加工的存在多方参与者，所导致的难以厘清多方之间的关系，公共数据产权的界定涉及多方利益主体，包括个人、企业和国家等，这些主体之间的利益冲突和共生关系使得公共数据产权的界定变得复杂。（2）因为数据在生产过程中不会被消耗且可以无限复制给多方使用，导致多个主体均享有数据资产的部分权利。这种非稀缺性和非排他性使得各数据主体之间的冲突难以调和。传统的“所有权”概念难以适用于公共数据，也导致了公共数据资产的权属确认难。（3）公共数据资产交易市场相关制度不完善，缺乏相关的处理标准。《民法典》中所有权的客体对象是不动产或者动产，但公共数据未能被纳入不动产或者动产范围，因此现有法律如反不正当竞争法、知识产权法、个人信息保护法等均无法实现对数据的全面保护。

授权问题是公共数据资产确认标准制定的另一个关键性问题。公共数据在生产过程中不会被消耗且可以无限复制给多方使用，那么授权则直接影响到公共数据资产的交易。明确的授权条件、运营模式和退出机制可以保障授权运营各方的合法权益，避免纠纷和冲突，确保数据利用行为的合法性和正当性。通过授权机制，可以明确数据的归属和权利边界，确保数据的合法使用，防止未经授权的数据访问和使用，保障数据的安全和隐私。授权机制还可以规范数据的利用行为，确保数据在合法、合规的范围内被有效利用，促进数据的流通和交易，实现数据的价值。通过规范的授权运营实施机制，可以提高数据管理的效率和效果，确保数据的准确性和一致性，减少数据错误和误导性信息的传播。

因此，权属登记和授权是公共数据资源资产化的基础，关系到公共数据资产的定价和交易机制的订立。在确权过程中，需要建立完善的法律法规体系，以规范数据的收集、使用和共享。在公共数据资产的确认标准中，特别需要关注权属登记标准和授权标准的制定，以降低交易费用，提高交易效率，顺畅交易环节。

3.3.1.2 公共数据资产流通管理方面的关键性问题

公共数据资产流通管理标准的重要性和意义在于其作为国家重要的基础性战略资源，对于加快公共数据资源开发利用、充分释放公共数据要素潜能、推动高质量发展具有至关重要的作用。公共数据资产流通管理标准主要包括分类分级标准、开放共享标准、流通标准、交易标准、开发标准和数据安全与隐私保护标准。公共数据资产的流通是其中的核心环节，而数据安全与隐私保护则为公共数据资产的流通提供了强大保障。公共数据资产流通标准的制定有助于确保数据的安全与合规利用。在保障数据安全为前提的基础上，正确处理公共数据资产安全、个人信息保护与数据资产开发利用的关系，明确公共数据资产管理的权利义务，有助于提高公共数据资产流通效率，为公共数据资产赋能。

流通问题是公共数据资产流通管理问题中的核心，也在公共数据资产的整个释放经济价值的过程都承担着非常重要的角色。流通关系到公共数据资产市场准入、各个权利主体的利益和风险规避等诸多环节，对公共数据资产的价值挖掘和交易至关重要。公共数据不仅是推动经济发展、改善社会治理、促进科技创新的关键因素，而且在经济社会数字化转型过程中，公共数据资产已经成为新兴的资产类型，进一步完善公共数据资产流通的制度体系，将有助于促进数据合规高效使用。然而，公共数据资产流通是一个新兴领域，缺乏足够的经验和可参考的成熟模式，各地情况不同，数字鸿沟较大，导致规则制定困难。各地在制定数据条例和管理办法时，未能及时跟进配套实施方案，缺乏科学统一的标准。公共数据流通使用存在体制性障碍和机制性梗阻，需要破除这些障碍，激发共享开放动力，优化公共数据资源配置，释放市场创新活力，为此，必须制定公共数据资产流通标准。

数据安全与隐私保护是公共数据资产交易的基础，更是公共数据资产顺利流通的关键，为价值变现提供了强大保障。数据泄露不仅会导致个人隐私被侵犯，还可能引发严重的法律和商业风险。公共数据包含诸多关键信息，信息泄露将严重影响相关部门的运行，严重者将影响国家安全。公共数据资产交易，必须十分谨慎。“数据二十条”指出，对数据的利用，要以维护国家数据安全、保护个人信息和商业秘密为前提，尤其对于公共数据，要在保护个人隐私和确保公共安全的前提下加以利用。数据安全和隐私保护这一问题未得到妥善的解决，将直接影响公共数据资产的开发利用，严重时直接导致公共数据资产无法得到有效利用。在公共数据开发过程中，政府机构对数据授权运营存在顾虑，担心数据泄漏风险和影响部门权力运行。而且，公共数据涉及大量的个人信息和敏感信息，确保数据使用的合规性和权属保护是必要的。公共数据的资产化需要特别关注数据安全，包括数据泄露、黑客攻击等风险。为此，需要加强顶层设计，厘清部门和地方的管理边界，逐步形成权责清晰、条块协同的公共数据资源开发利用格局。同时，推动制度建设和能力建设相结合，将安全贯穿公共数据资源开发利用全过程，防范各种数据风险。

因此，在公共数据资产流通管理标准制定中，需要关注流通标准、数据安全与隐私保护相关方面的问题，不断完善并制定相关标准。公共数据资产流通标准和数据安全与隐私保护标准建立的意义在于激活数据价值，为政府、企业和公众的决策提供更实时、更精准、更高质量的服务，同时为数据要素市场的建立提供参考和借鉴。

3.3.1.3 公共数据资产运营标准方面的关键性问题

公共数据资产运营标准有助于规范运营流程。通过建立明确的标准和规范，可以确保数据资产运营环节有序进行，从而构建清晰、完整的数据资产管理路径。这有助于有序推进数据资产化，更好地发挥数据资产的经济价值和社会价值。公共数据资产运营标准能够提升数据资产的价值。标准化的运营流程可以确保数据的合规性和安全性，避免数据泄露和滥用，从而保护数据资产的权利和价值。合理的收益分配机制也能充分调动各参与方的积极性，促进数据资产的合理开发和利用。公共数据资产运营标准包括定价标准、使用标准、监管标准、收益分配标准和绩效评价标准。其中，定价标准和收益分配标准关乎公共数据资产的收益以及收益分配，不仅影响公共数据资产的运营，还影响到公共数据资产的持续开发，合理的定价标准和收益分配标准，有助于公共数据资产的平稳运营。

定价标准对于公共数据资产的市场化运营至关重要。定价是公共数据资产化的关键。公共数据资产的定价是一个复杂而具有挑战性的问题。与传统资产不同，公共数据的价值具有高度的不确定性和动态性，受到数据质量、规模、时效性、应用场景等多种因素的影响。常见的定价方法包括成本法、市场法和收益法，每种方法都有其适用场景和局限性。合理的定价标准能够确保公共数据资产的开发利用合理有序，防止过度商业化。例如，可以采用成本加合理收益的定价模型，或者根据不同用户类型实行阶梯式定价，以确保公共数据的开发利用既能够满足市场需求，又不会损害公共利益。

收益分配标准对于平衡各方利益关系至关重要。合理的收益分配机制能够确保运营主体制定细化的收益分配比例和使用方案，定期向社会公开有关收支明细，为收益分配提供可靠依据。例如，《南京市公共数据授权运营管理暂行办法》就明确实行数据产品和服务告知制度，要求运营单位及时将相关定价和依据、应用场景、使用范围等事项告知区域监管部门。目前公共数据授权运营的推进困难，主要原因是多方参与者之间的收益分配机制尚不明确。首先，市场和政府之间的收益分配，运营单位在保障数据安全、数据开发利用等方面投入了成本，理应享有公共数据产品与服务的收益权，然而授权运营下的公共数据本质上属于国有资产，运营单位需要将取得的部分经济收益返还给政府，从而保障国有资产的保值与增值。真正激活数据要素的市场价值，让政府的归政府，商业的归商业。其次，政府部门之间存在收益分配不均的问题，公共数据来自不同的政府部门，收益理应由不同的部门进行分配，然而不同部门之间提供的数据的价值存在差异，加大了收益分配的标准设定的难度。最后，政府与数据关联主体之间的收益分配，尽管政府是数据资源的持有者，但个人、企业等数据关联主体是“数据得以产生的创作者”。作为数据价值链的起点，数据关联主体不仅可以凭意愿选择是否授权，还应该参与公共数据授权运营收益分配（门理想等，2023）。

因此，合理的定价标准是公共数据资产运营的基础，而制定合理的收益分配标准，则有助于平衡各方的利益，从而使得公共数据资产平稳运营。定价标准和收益分配标准是公共数据资产运营标准制定过程中，急需解决的两个方面的内容。

3.3.1.4 公共数据资产技术标准方面的关键性问题

公共数据资产的技术标准方面所面临的困难是多方面的。在网络技术方面，关键性问题在于统一不同数据源和数据端口之间的交换格式和方式，网络环境安全和稳定为数据交换和共享提供了基础保障。在收集、生成和存储技术方面，需要解决数据来源多样性、数据格式不统一等问题，以及数据生成处理技术，以确保数据的统一和可用，数据存储面临大规模数据存储和管理的问题。加密技术是公共数据资产化不可忽视的问题，公共数据涉及广泛的个人和机构信息，必须采取严格的安全措施，包括数据加密、访问控制、隐私保护等，以确保数据不被未经授权的访问、使用、披露或破坏。数据分析是公共数据资产化的核心，需要采用先进的数据分析技术，如大数据处理、机器学习和人工智能等。其中，最核心和关键的问题在于加密技术和分析技术两个问题。

在加密技术方面，该项技术直接影响公共数据资产的权限和数据安全等系列问题，是公共数据资产开发、流通和交易的重要技术支撑。技术复杂性是导致公共数据资产加密技术标准难以制定的主要原因之一。加密技术本身涉及多个层面的技术细节，包括密钥管理、加密算法的选择、加密强度等。不同的加密技术有不同的优缺点，选择合适的加密技术需要综合考虑安全性、性能和兼容性等因素。此外，随着技术的发展，新的加密技术和方法不断涌现，使得标准制定更加复杂和困难。法律标准缺失也是一个重要原因。目前，虽然有一些国际标准和行业规范，但这些标准往往不够具体或不够全面，难以满足所有场景的需求。此外，不同国家和地区对数据保护的法律要求不同，这也增加了制定统一标准的难度。行业差异也是一个不可忽视的因素。不同行业对数据加密的需求和要求不同，如金融行业对数据安全的要求高于其他行业。这种差异使得制定一个能够满足所有行业需求的加密技术标准变得非常困难。鉴于公共数据资产在技术方面存在的困难，因而需要制定相关的制度标准，以促进公共数据资产的流通和运营。

在分析技术方面，该技术直接影响公共数据的资产化等系列核心问题，在公共数据资产的技术标准中十分关键。分析技术的难点主要在于数据资产的价值评估模型具有主观性，难以客观量化。公共数据资产的价值评估需要考虑多个因素，如数据的来源、内容、处理方式等，而这些因素在评估过程中往往带有主观判断，导致评估结果的不稳定和不确定性。而且公共数据资产评估需要大量的参考资料和标准，但目前相关的参考资料获取难度较大，这限制了技术标准的制定和完善。最后，公共数据资产管理需要专业的技术人员和评估人员，但目前这类专业人才相对缺乏，难以满足数据资产分析技术的需求。这也是在实践中，急需关注和解决的方面。

3.3.2 公共数据资产标准急需制定的内容

公共数据资产化的发展目前还面临诸多问题，包括数据权属界定的不明确、数据流通中的隐私保护和安全问题还没有较好地保障、公共数据的价值评估体系不健全、公共数据资产的收益分配不均衡、公共数据资产意识淡薄以及缺乏公共数据资产管理体系等问题。这些问题的存在，不仅阻碍了公共数据资产的市场化开发和利用，还影响到了公共数据资产的入表，以及财政收入的开源问题。因此，抓好公共数据资产基础制度建设，在各相关部门协同努力下，不断完善公共数据资产标准体系，制定一套科学实用的公共数据资产产权界定标准、资产评估标准、收益分配标准和公共数据资产安全标准，不仅有助于规范化公共数据资产的管理，还能优化公共数据资产的运营，推动数据资产的流通与应用，进而推动整个数据资产化进程的健康发展。

结合本项目实地调研成果，以及公共数据资产经济和社会价值挖掘中存在的关键性问题，本书认为在公共数据资产确认方面，迫切需要完善的标准为授权标准和权属登记标准；在公共数据资产流通方面，迫切需要完善的标准为数据安全与隐私保护标准，以及流通标准；在公共数据资产的运营方面，急需完善的标准为定价标准，以及收益分配标准。而这些标准的制定和完善，是公共数据资产妥善管理和运营的前提和过程保障，在一定程度上决定了公共数据资产的价值开发程度和市场运用程度。因此必须关注公共数据资产的技术标准，为确认标准、流通管理标准和运营标准提供了技术支持，这也是需要完善的方面。

除了公共数据资产在确认、运营和管理方面所急需制定的标准外，还需要紧急制定技术方面的标准。公共数据资产的技术标准对于运营管理至关重要。技术标准确保数据的质量、流通和共享、安全和合规性，为数据资产的运营管理提供了坚实的基础。分析技术标准提高了公共数据的质量，标准化和规范化的数据可以确保数据的质量和准确性，满足不同场景和主体的需求。加密技术能够确保公共数据安全地共享和使用，有效防止数据泄露和滥用。因此，在公共数据资产技术标准方面的急需内容是加密技术标准和分析技术标准。

3.3.3 公共数据资产标准急需内容的效用

3.3.3.1 公共数据资产确认标准的效用

（1）公共数据资产的权属登记标准效用

数据确权涉及个人生活、企业运作以及国家安全等各个方面，是数据有序流通之必需、数据利用之前提。权属登记标准在特定的权利类属与产权主体、客体之间确立了法律关系，界定了特定的数据权属状况和数据权利保护模式，保障了数据的合法使用和权益保护。通过规范权属登记，可以激发市场创新活力，推动数据经济的发展。明确的权属和运营规范为数据交易和市场应用提供了基础，促进了数据要素市场的健康发展。通过建立全国一体化的公共数据资源登记体系，有助于规范公共数据资源的有序开发，确保数据的合法、合规使用，促进公共数据资产的有序开发；厘清数据产权，承认和保护数据要素各参与方合法权益，使得数据供应方的权益得到保护，不仅能增强各方公共数据生产和投资的动力，有助于避免数据滥用和侵权行为，还能减少合法权益的纠纷以及非法使用的情况。明晰的数据产权，为公共数据资产流通提供了基础，让数据资源从封闭走向开放，解决了“数据孤岛”困境。

（2）公共数据资产的授权标准效用

公共数据授权运营是指政府有关部门将公共数据依法授权给运营单位进行加工处理，开发形成数据产品和服务，并向社会提供的行为。这种模式主要针对经济价值较高且较为敏感的公共数据，通常按照“原始数据不出域、数据可用不可见”的方式实现。国内首部公共数据授权运营合规标准《公共数据授权运营合规要求》，进一步补强公共数据授权运营的合规细则，指导落地实践。授权标准的制定，具有以下几个方面的效用：第一，公共数据资产授权标准为整个行业的发展提供了明确的方向和规范，有助于打造公共数据授权运营标杆案例，并梳理总结成效优化路径，从而推动国内公共数据要素价值的释放；第二，授权运营模式能够有效扩大高品质数据资源的供应，解决当前数据要素的供给、流通和应用难题，从而充分释放公共数据价值，推动经济社会高质量发展；第三，公共数据授权运营为金融机构、数据商业机构等专业实体提供了创新业务模式的机会，通过深度参与数据资产的投融资、技术服务、中介服务等领域，这些机构可以开辟新的业务领域，助力实体经济的高质量发展；第四，通过确权和授权标准，可以避免数据资源的垄断和滥用，营造公平竞争、规范有序的数据要素市场环境，保障各方的权益，促进高质量发展和高水平安全的关系；第五，公共数据授权运营不仅在经济上具有重要意义，还在提升社会治理效能和公民生活品质方面发挥重要作用。

3.3.3.2 公共数据资产流通管理标准效用

（1）流通标准效用

公共数据资产流通标准的实施有助于推动数据要素市场化配置，提升数据资源的价值。通过标准化管理，可以增加数据的透明度和可信度，促进数据的合理使用和经济发展。公共数据资产流通标准具有以下几个方面的作用：第一，公共数据资产流通标准的制定和实施，有助于规范数据要素市场的秩序，确保数据的合法性和安全性，从而促进数据要素市场的健康发展。标准的统一可以减少数据交易中的摩擦和风险，提高市场的透明度和效率。第二，通过制定和执行公共数据资产流通标准，可以提高数据的质量和一致性，减少数据错误和重复工作，从而提高数据的利用效率。高质量的数据可以更好地支持决策和业务运营，提升整体的经济效益。第三，公共数据资产的流通标准可以促进数据的共享和流通，加速经济社会数字化转型。标准化的数据格式和接口可以降低不同系统之间的兼容性问题，推动跨部门、跨行业的合作，提升整体的经济活力和创新能力。第四，通过标准化和规范化的公共数据资产流通，可以更好地挖掘和利用公共数据的潜在价值，为企业提供更精准的市场洞察和决策支持，提升企业的竞争力和经济效益。第五，公共数据流通标准的建立是一个复杂的过程，需要平衡安全与发展、公平与效率、秩序与活力等关键关系。通过构建系统内与系统间的协同机制，可以盘活流通应用，释放公共数据的宝贵价值，并为完善数据要素基本制度与数据治理体系提供参考。

（2）公共数据资产的数据安全与隐私保护标准效用

大数据下，用户信息无所遁形，数据的滥用不仅侵害个人合法权益，甚至将影响国家安全。制定公共数据资产的数据安全与隐私保护标准，不仅是对个人隐私权的保护，还是对企业商业秘密、知识产权、业务信息的保护，还是对国家信息安全的保护。数据安全与隐私保护的标准，是对数据交易和流通的保障。为增强数据安全与隐私保护，首先，需要根据原始公共数据的性质和类别进行分类，并且去除其中的特殊标记，去除其中的敏感部分内容；其次，在公共数据加工处理过程中，要注重对原始数据内容准确性的保证，避免脱敏处理导致数据使用价值的降低；再次，在数据传输过程中，除了要保护数据产生用户的个人隐私，还要注重保护数据资产所有者的合法权益，采用数据标准技术，对公共数据资产进行加密处理，以增强公共数据资产的安全性；最后，在数据使用过程中，要加强立法，以保障公共数据资产中所隐含的信息安全和公共数据资产用户的隐私安全。

3.3.3.3 公共数据资产运营标准的效用

（1）公共数据资产的定价标准的效用

2023 年 8 月 21 日，财政部发布《关于印发〈企业数据资源相关会计处理暂行规定〉的通知》。2023 年 10 月 1 日，中国资产评估协会制定的《数据资产评估指导意见》正式施行。制定公共数据资产定价标准，是数据资产入表最基本的前置流程之一。公共数据定价标准的制定，具有以下几个方面的效用：第一，合理的价格机制能够引导市场主体的决策行为。例如，公共数据资产的定价直接影响企业的投资决策和发展方向。第二，标准化的公共数据资产定价，使得数据价值更加公开透明，并促进了公共数据资产商业模式的形成，帮助企业了解和掌握其数据资产的价值和风险情况，也有助于数据机构更好管理（治理）公共数据资产。而对于公共数据资产的需求方来说，能较好掌握公共数据的价值和市场变化，优化自身经营管理。第三，通过建立公共数据资产定价标准，可以规范市场行为，防止不正当竞争和垄断行为的发生。合理的定价机制能够确保市场的公平性和透明度，保护消费者的权益，促进市场的健康发展（见图3-3）。

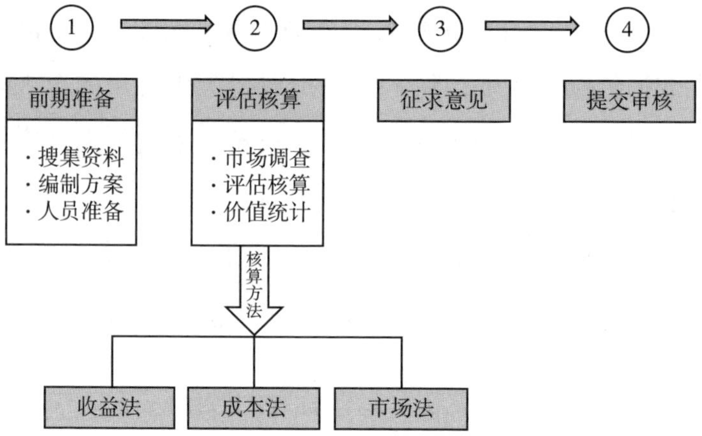

图3-3　公共数据资产定价标准

（2）公共数据资产的收益分配标准的效用

公共数据资源的市场化，在市场上交易，其背后涉及多方的参与和投入，合理的收益分配标准将直接影响公共数据供应方的积极性。制定公共数据资产收益分配标准，数据要素参与收入分配是数据要素所有权的经济实现，制定兼顾公平和效率的收益分配标准是影响公共数据资产运营的核心和关键。党的十九届四中全会首次将数据要素纳入收入分配序列，提出“建立健全由市场评价贡献、贡献决定报酬的机制”。2022 年 12 月 19 日发布的“数据二十条”提出，建立体现效率、促进公平的数据要素收益分配制度，在初次分配阶段，按照“谁投入、谁贡献、谁受益”的原则，推动数据要素收益向数据价值和使用价值创造者合理倾斜，在二次分配、三次分配阶段重点关注公共利益和相对弱势群体。公共数据资产收益标准的制定，不仅保障了公共数据资产提供方的合法权益，还激发了公共数据资产供给方数据加工和投资的积极性，也激活了数据再加工市场，以及拓宽了国家财政收入的来源。

3.3.3.4 公共数据资产技术标准的效用

技术标准确保数据的质量、安全和合规性，为数据资产的运营管理提供了坚实的基础。技术标准确保了数据定义、格式、值域范围等的一致性，使得数据使用者能够清楚地认识和使用数据。这些标准包括数据的加密、备份、恢复等技术标准措施，确保数据在存储和传输过程中不被未经授权的访问或篡改，在数据安全方面发挥着重要作用。通过采用统一的技术标准，可以增强数据的保密性和完整性，保护公共利益和个人隐私。技术标准是确保公共数据资产能够价值变现的重要基础。

（1）公共数据资产加密技术标准的效用

加密技术标准能有效降低数据风险，保障相关用户信息安全。这对于保护企业和个人的信息安全具有重要意义。加密确保不同类型的数据得到适当的保护和管理，防止数据泄露和滥用。公共数据资产加密技术提高数据的安全性、保护数据的机密性和完整性，防止未经授权的访问和数据篡改。通过加密技术，敏感数据在传输和存储过程中得到有效保护，即使数据被截获或窃取，攻击者也无法直接读取其内容，从而大大降低了数据泄露的风险。

（2）公共数据资产分析技术标准的效用

由于数据资产面临高质量供给不足、合规化使用路径不清晰等问题，因此制定公共数据资产分析技术标准显得尤为重要。公共数据资产的分析技术标准，主要是借助大算力的技术设备和相应的分析模型，对数据进行分析处理，该项标准有助于提高数据质量，减少数据偏误带来的损失。通过整合和分析公共数据，政府和公共机构可以获得更全面的信息，从而做出更加科学和精准的决策。高质量的数据可以为企业决策提供有力支持，提高决策效率和准确性，通过对数据的深入挖掘和分析，可以发现新的业务机会。

第4章

公共数据资产标准实践案例

4.1 标准案例

4.1.1 国际标准

4.1.1.1 资产管理 数据资产管理指南（ISO 55013：2024）

为更好把握全球数字经济发展趋势，确立我国在数据资产管理标准化方面的话语权，全国资产管理标准化技术委员会（SAC/TC 583）于2020年12月向ISO/TC 251 Asset management（ISO资产管理技术委员会）提案，联合美、日、英、法等近20国的专家，制定了ISO首个数据资产管理国际标准——《资产管理 数据资产管理指南（ISO 55013：2024）》，为各类组织依据ISO 55001建立、实施、保持和持续改进数据资产管理体系，提升数据管理能力，实现数据资产价值提供指导。《资产管理 数据资产管理指南（ISO 55013：2024）》的发布和实施，有助于各类组织面向数字经济时代的新需求，聚焦数据资产识别、分类、评估、存储、维护、共享等关键环节，为数据资产密集型组织建立清晰、合理、可操作的管理体系框架，帮助组织在快速变化的市场环境中，实现数据资产的有效控制、高效利用与合规收益。

4.1.2 国家标准

4.1.2.1 信息技术 数据质量评价指标（GB/T 36344—2018）

《信息技术 数据质量评价指标（GB/T 36344—2018）》标准由国家市场监督管理总局和国家标准化管理委员会制定，2018 年 6 月 7 日发布，2019 年 1 月 1 日开始实施。该标准规定了数据质量评价指标的框架和说明，适用于数据生存周期各个阶段的数据质量评价。标准中规定：数据质量评价指标主要包括规范性、完整性、准确性、一致性、时效性、可访问性六个方面。其中，规范性指标包括数据标准、数据模型、元数据、业务规则、权威参考数据和安全规范 6 个指标；完整性指标包括数据元素完整性和数据记录完整性；准确性指标包括数据内容准确性、数据格式合规性、数据重复率、数据唯一性和脏数据出现率；一致性指标包括相同数据一致性和关联数据一致性；时效性指标包括基于时间段的正确性、基于时间点及时性和时序性；可访问性指标包括可访问、可用性。

4.1.2.2 信息安全技术 大数据安全管理指南（GB/T 37973—2019）

《信息安全技术 大数据安全管理指南（GB/T 37973—2019）》标准由国家市场监督管理总局和国家标准化管理委员会制定，2019 年 8 月 30 日发布，2020 年 3 月 1 日开始实施。该标准提出了大数据安全管理基本原则，规定了大数据安全需求，数据分类分级、大数据活动的安全要求、评估大数据安全风险。该标准明确了大数据安全管理目标为：组织实现大数据价值的同时，确保数据安全。对于大数据安全管理的主要内容，标准中提出：一是明确数据安全需求；二是对数据进行分类分级；三是明确大数据活动安全要求；四是要评估大数据安全风险。标准中也规定了大数据安全管理角色包括管理者、执行者和审计者，并对各类角色的职责进行了规定。标准也明确了大数据安全管理基本原则、大数据安全需求，规定了数据分类分级的原则、流程和方法等内容。

4.1.2.3 信息技术服务 数据资产 管理要求（GB/T 40685—2021）

《信息技术服务 数据资产 管理要求（GB/T 40685—2021）》标准由国家市场监督管理总局和国家标准化管理委员会制定，2021年10月11日发布，2022年5月1日开始实施。该标准规定了数据资产的管理总则、管理对象、管理过程和管理保障要求。第一，管理原则上，数据资产管理要满足价值导向、权责明确、治理先行、成本效益、安全合规等原则。第二，数据资产管理的对象是数据资产本身，管理过程中依据数据资产特征进行识别，通过数据资产的信息要素进行描述及管理。第三，管理过程规定了组织实施数据资产管理的一系列活动。数据资产目录用来记录和管理数据资产的信息要素。数据资产的识别、确权、应用、盘点、变更和处置是核心管理活动，实现对数据资产的生存周期管理，以及保值、增值。数据资产的评估、审计和安全管理为数据资产的价值发现、运营合规和风险控制提供支撑。第四，管理保障方面从组织保障和制度保障两个方面做了相关规定。

4.1.2.4 资产管理信息化 数据质量管理要求（GB/T 43709—2024）

《资产管理信息化 数据质量管理要求（GB/T 43709—2024）》标准由国家市场监督管理总局和国家标准化管理委员会制定，2024年3月15日发布，2024年3月15日开始实施。该标准适用于各类组织资产管理信息化工作中的数据质量管理活动，主要规定了资产管理信息化数据质量管理的总体要求，组织要求以及策划、实施与流程控制、监测与审核、持续改进方面的要求。该标准规定了资产管理信息化数据质量管理的总体要求为：对资产管理信息化全过程中所产生数据进行有效识别、确定所需采取的原则和方法、确保管理职责明晰以及保障机制健全、对数据质量管理环节和流程进行分析和监督考核。组织要求规定了组织领导、数据质量负责人、数据质量管理小组方面的要求。策划内容包括建立数据质量管理目标、确定数据质量管理计划、制定数据质量管控方案与评审、建立保障机制。实施与流程控制包括文件和记录控制、数据流程控制、数据质量追溯和数据质量反馈。监测与审核包括质量监测和内部审核，并提出了数据质量管理的持续改进。

4.1.2.5 信息技术 大数据 数据治理实施指南（GB/T 44109—2024）

《信息技术 大数据 数据治理实施指南（GB/T 44109—2024）》标准由国家市场监督管理总局和国家标准化管理委员会制定，

2024年5月28日发布，2024年12月1日开始实施。文件中提供了大数据环境下开展数据治理实施的过程指南，包括规划、执行、评价和改进四个过程的相关活动及内容。其中，规划过程主要是确定数据治理目标、内容和路线，主要活动包括现状调研及分析、确立目标、明确治理内容、确定实施路线；执行过程是在规划过程基础上开展数据治理工作，主要活动包括建立数据治理组织、制定制度规范、开展数据治理活动；评价过程是对数据治理执行情况进行评价，主要活动包括明确评价目标和范围、设计指标体系、评价治理绩效；改进过程是对数据治理执行情况进行分析和改进，主要活动包括进行差异分析、制定改进方案和执行改进活动。

4.1.2.6 信息技术 大数据 数据资产价值评估（20214285－T－469）

《信息技术 大数据 数据资产价值评估（20214285－T－469）》标准（征求意见稿）给出了数据评价与价值评估的基本框架及各过程的基本要求，划分了数据资产质量评价与数据资产价值评估，提出了数据评价与价值评估方法。该标准形成了数据评价与价值评估实施总体框架，包括数据评价与价值评估。其中数据评价主要包括质量要素、成本要素与应用要素。价值评估主要包括收益法、成本法与市场法。

4.1.2.7 信息技术 大数据 大数据服务能力评估（20220415－T－469）

《信息技术 大数据 大数据服务能力评估（20220415－T－

469)》标准为大数据服务能力的评估提供了全面、系统的方法和标准。通过明确分类、关键要素和成熟度等级，标准帮助组织和服务提供方提升大数据服务能力，促进数字经济的健康发展。文件中按照大数据服务能力要求，将大数据服务能力分为三大类八小类：包括服务型服务能力（流通交易类、第三方服务类、咨询服务类），应用型服务能力（应用创新类、产品平台类），技术型服务能力（资源集成类、分析加工类、安全技术类）。对于大数据服务关键要素，文件中规定关键要素包括资源、技术、管理、创新、市场和成果；对于成熟度等级，文件中也规定了关键要素在不同成熟度等级（1 级：初始级、2 级：管理级、3 级：定义级、4 级：量化级、5 级：引领级）下应满足的基本条件。

4.1.3 团体标准

4.1.3.1 资产管理 数据资产管理指南（T/NSSQ 023—2022）

《资产管理 数据资产管理指南（T/NSSQ 023—2022）》标准由广州市南沙区粤港澳标准化和质量发展促进会发布，2022 年 12 月 27 日发布，2022 年 12 月 28 日开始实施。文件规定了管理组织数据资产的指导方针，以支持一个组织实现其资产管理目标。文件对数据资产管理、影响数据有用性的因素、数据资产与组织目标相一致、数据资产治理等方面具体内容及要求进行了明确。

4.1.3.2 资产管理 数据资产建设通用要求（T/NSSQ 024—2022）

《资产管理 数据资产建设通用要求（T/NSSQ 024—2022）》标准由广州市南沙区粤港澳标准化和质量发展促进会发布，2022年12月27日发布，2022年12月28日开始实施。文件规定了数据资产建设通用要求，以支持一个组在资产管理过程中的数据资产建设。文件中提出，数据资产的建设原则包括整体性、安全性和有效性。应在整体上识别数据资产的结构和内容，在合规基础上实现安全建设，建设要求应对应可能产生的成效。此外，文件也对数据梳理要求、数据资产目录设定要求、数据标签化要求、数据资产关联要求、数据资产应用与管理要求作出了具体规定。

4.1.3.3 资产管理 数据资产确权登记导则（T/NSSQ 025—2022）

《资产管理 数据资产确权登记导则（T/NSSQ 025—2022）》标准由广州市南沙区粤港澳标准化和质量发展促进会发布，2022年12月27日发布，2022年12月28日开始实施。文件规定了数据资产确权登记的过程要求，涵盖了数据资产化、数据确权、数据认责和数据资产确权登记的实现，适用于各类组织开展数据资产确权登记业务。文件明确，数据资产化应基于数据确权，数据确权中的数据权利属性应包含两个方面：一是确定数据的权利主体（包括数据所有者、数据生产者、数据使用者和数据管理者），二是确定权利的内容。对于数据资产确权登记的实现，文件中规定了包括数据资产登记、数据资产登记分类、数据资产登记功能确立以及数据资产登记确认。

4.1.3.4　资产管理 数据资产运营人员能力要求（T/NSSQ 026—2022）

《资产管理 数据资产运营人员能力要求（T/NSSQ 026—2022）》标准由广州市南沙区粤港澳标准化和质量发展促进会发布，2022年12月27日发布，2022年12月28日开始实施。文件规定了数据资产全生命周期中数据资产运营人员能力的要求，以支持实现组织目标，适用于数据资产运营人员开展数据资产运营工作。其中，文件中提出，数据资产运营人员能力从制订目标到最后基于目标进行产品评估与运营优化，形成数据运营闭环的能力支撑，数据流程和规范包括数据采集、业务理解、数据模型、分析模型、数据指标、数据挖掘、数据意识共7个层次。并对数据资产运营人员所需具备的各能力体系提出了要求，包括产品目标制定能力、数据资产指标定义能力、数据资产指标体系构建能力、确认数据资产需求能力、数据上报能力、数据采集与接入能力、存储与计算能力、获取数据能力、数据观测和分析能力、产品评估与数据应用能力。

4.1.4　地方标准及规范

4.1.4.1　浙江省地方标准《数据资产确认工作指南》

《数据资产确认工作指南》（DB33/T 1329—2023）（以下简

称《指南》）是由浙江省财政厅归口、浙江省标准化研究院主导制定的国内首个省级地方性数据资产确认标准，旨在为各类公司及组织提供一套科学、规范的数据资产确认流程与方法，以支持其有效识别、管理和利用内部数据资产，进而推动数据资产入表等实践活动的顺利进行，该标准已于2023年12月5日起正式实施。《指南》不仅是数据基础制度中与财政业务相关的配套标准，也为探索数据资产管理和在公共数据授权运营管理中维护数据资源资产权益提供重要的支撑。该标准的发布和实施，有效破解数据资产确认的难点堵点，为数据资产入账、入表提供了坚实基础，及时填补该领域标准空白，也是对“数据二十条”提出在浙江先行先试的具体落实；为企事业单位数据资源确认为资产工作提供准则和通用性指南，是数据基础制度中与财政相关的配套业务标准，可为探索公共数据授权运营管理中维护数据资源资产权益提供标准技术支撑。

4.1.4.2 浙江发布《数字化改革 公共数据分类分级指南》省级地方标准

随着数字浙江建设迈入新的发展阶段，为强化公共数据安全管理并统一其分类和安全级别标准，浙江省已正式实施《数字化改革 公共数据分类分级指南》（DB33/T 2350－2021）（以下简称《指南》）。该省级地方标准的发布，是在《中华人民共和国数据安全法》颁布后，浙江以数字化改革为引领，率先在公共数据领域实施分类分级管理的重要举措。《指南》详细规定了数据的分类方法，强调依据数据的共同属性或特征，从数据管理、业务应用、安全保护和数据对象四个维度出发，细分为30多个子项进行分类和归类。为切实保障公共数据的安全性，《指南》还明确了非涉密数据的分级方法，将数据按敏感程度从高到低分为四级：敏感数据（L4 级）、较敏感数据（L3 级）、低敏感数据（L2 级）和不敏感数据（L1 级）。《指南》的制定与实施，不仅有助于规范数据共享与开发、发展与安全、效率与公平之间的关系，还将极大地促进公共数据的共享开放和增值利用。通过这一举措，浙江旨在进一步强化全省数字化改革的数据安全基础，推动数字浙江整体智治水平的提升，并在这一过程中提炼出省域治理现代化的“浙江经验”。

4.1.4.3 深圳发布首个《公共数据安全》领域地方标准

为了充分挖掘和激活公共数据的价值，推动高质量数据以有序、安全的方式开放，深圳市发布了《公共数据安全要求》（以下简称《要求》），这是深圳在公共数据安全领域制定的首个地方标准。该《要求》全文共九章，详细覆盖了数据安全管理、技术及数据处理活动的每一个环节，为公共管理和服务机构的数据安全能力建设、评估与监管提供了全面指导，同时也适用于处理大量个人信息的服务平台。作为保障公共数据安全的重要标准，《要求》首先界定了公共数据的定义，从专业的视角为公共数据安全管理提供了统一的指导原则。它依据合理可行的标准，确保数据相关法律法规得到切实执行。同时，《要求》也充分考虑了实际操作的可行性，通过提升标准的执行力，确保公共数据安全与网络安全等级保护体系的有效衔接。在不影响各公共管理和服务机构已有安全要求的基础上，该标准进一步扩展了公共数据安全的管理范围，确保公共数据的安全使用和管理。

4.1.4.4 成渝地区双城经济圈首个数据领域地方标准——《公共信息资源标识规范》

《公共信息资源标识规范》经四川省与重庆市共同立项、起草、审查及批准，该规范详细规定了川渝两地公共信息资源的标识分类、编码以及管理规则。该规范不仅适用于政务组织，还适用于非政务组织及居民的公共信息资源，在标识、分类、编目、发布和管理等各个环节提供了明确的指导。通过对数据来源的细致划分，确保了数据的归属明确，为川渝两地的数据资源赋予了独特的“身份证”和“产权证”。这一举措旨在规范公共信息资源的标识和应用，有效解决因数据来源多样、治理难度大等问题带来的挑战。同时，它将有力推动数据治理的深化、促进数据共享与开放、实现数据溯源，进而加速培育两地数据要素市场，为区域数字经济发展注入强劲动力。

4.1.4.5 山东省出台地方标准规定《公共数据开放评价指标》

2019年，山东省发布了一项重要的地方标准——DB37/T 3523.3—2019《公共数据开放 第3部分：开放评价指标体系》。该标准旨在构建一个全面而系统的评价体系，以衡量公共数据开放的程度，并规定了评价指标的设计原则、框架、内容和使用要求。评价体系由三个一级指标构成，分别是基础层、数据层和应用层。基础层主要关注公共数据所处的开放环境，评估政策指引的明确性和组织管理的有效性；数据层则侧重于开放数据的本身，评估数据的开放数量、质量、提供方式、覆盖程度和可持续性；应用层从数据应用的角度出发，考察网站功能、数据使用情况和应用效果。这一评价体系的出台，不仅为山东省乃至全国范围内的公共数据开放提供了标准化、规范化的指导，也为相关部门在推动公共数据开放过程中提供了明确的方向和依据。

4.1.4.6 青岛《数据资产价值与收益分配评价模型》标准

在青岛市大数据局的精心指导下，青岛当地多家企业携手合作，共同编制了《数据资产价值与收益分配评价模型》标准，这一成果标志着全国数据资产评估领域取得了显著突破。该评价标准聚焦数据资产价值评价与收益分配评价两大核心，通过多维度指标，如数据使用与收益情况、数据质量、数据应用情况、变现量以及收益分配比例等，对数据资产进行全面而细致的综合评价。基于这一评价标准，青岛市公共数据运营平台将开发设计相应的评价模型，并利用区块链技术确保数据流通过程中的数据可信性。通过这一模型，平台将生成评价结果，作为数据资产评估的重要依据，为未来数据资产的融资和入表提供有力支撑。这一举措不仅将推动数据资产价值的准确评估，还将促进数据资产的合理流动和高效利用。

4.1.4.7 宁波市出台公共数据领域多部标准与规范

2019 年 8 月出台的《宁波市公共数据管理办法》（以下简称《办法》），旨在全面规范全市公共数据的管理流程，推动公共数据的汇聚整合、共享、开放以及高效开发利用，进而提升政府的治理效能和公共服务质量。《办法》详细规定了公共数据的目录编制、采集、汇聚整合、共享、开放、开发利用以及安全保障等多个环节，为公共数据的全生命周期管理提供了制度保障。为了进一步强化公共数据的安全管理，宁波市于2020年发布了《宁波市公共数据安全管理暂行规定》。该规定明确了公共数据管理部门的具体职责，涵盖了公共数据全生命周期的安全管理、个人隐私保护、服务外包管理以及公共数据监督检查等方面，确保公共数据在各个环节都能得到严格的安全保障。自2022年起，宁波市开始实施地方标准《公共数据管理 数据共享规范》。这一标准旨在为各部门在信息系统建设中提供统一的公共数据规范，从源头上解决了数据标准、规范不一致等问题，确保了各部门间数据的高效共享和有效利用。通过这一标准的实施，宁波市形成了“一数一源一标准”的数据管理新模式，为城市数字化发展奠定了坚实基础。

4.1.4.8 泰州发布实施3项公共数据地方标准

为了加速推进公共数据安全分级管理的省级标准化试点，泰州市发布了三项公共数据地方标准：DB3212/T 1147—2023《公共数据采集规范》、DB3212/T 1148—2023《公共数据平台运行维护规范》以及DB3212/T 1149—2023《公共数据交换管理规范》。系列标准的发布不仅深入总结了泰州在数智赋能行动中的实践经验，还有效完善了区域公共数据标准化体系。具体而言，《公共数据采集规范》详细规定了公共数据采集的基本原则、方法和数据安全保障措施，确保数据采集过程的规范性和数据的安全性。《公共数据交换管理规范》则对数据共享交换平台的总体架构、运行规则、部门职责以及数据共享方式进行了全面梳理和细化，旨在促进各部门之间数据的高效共享和交换。《公共数据平台运行维护规范》为公共数据平台的日常运行和维护提供了标准化的指导和管理要求，确保平台运行的稳定性和数据的安全性。这些标准的实施将有力推动泰州市公共数据管理的规范化和标准化，为数字政府建设提供有力支撑。

4.2 案例成效和可优化之处

深入研究既有公共数据资产标准的案例，不仅是对过去经验的总结，更是对未来发展的前瞻性思考。由于篇幅有限，本书中所选取公共数据资产标准案例仅为其中一小部分，相较于庞大的公共数据资产标准体系，通过对现有公共数据资产标准体系案例库的细致分析，我们可以更加清晰地认识到公共数据资产在质量、可靠性方面的标准需求，以及如何更加高效地进行跨部门、跨地域的数据共享。同时，这也涉及公共数据资产从产生、收集、存储、处理到应用的全生命周期管理，每一个环节都需要有严格的标准来确保数据资产的准确性和安全性。

总体而言，现有标准体系存在很多值得肯定的地方。例如，现有各个标准体系涵盖了数据资源开发利用、数据要素市场化与流通、数据产权与收益分配、数据标准化与评估、数据要素治理、数据资产会计处理、数据资产监督与管理以及数据安全与保护等多个方面，体现了对公共数据资产全生命周期管理的重视。又如，标准体系涉及国家规范、地方规范和行业规范，形成了从宏观政策到具体实施的多层次管理框架，有利于从不同层面对公共数据资产进行管理和规范。但与此同时，也依然有改进的空间。因此，本书将从公共数据资产确认标准、流通管理标准、运营标准、技术标准四个维度出发对现有标准体系的优缺点进行归纳总结。

4.2.1 现有公共数据资产确认标准的已有成效和可优化之处

4.2.1.1 现有公共数据资产确认标准的已有成效

一是全面性。现有的标准体系涵盖了数据资源开发利用、数据标准化与评估等多个关键领域，这为数据资产的识别、分类和登记提供了全面指导，确保了数据资产的全面管理和利用。正如《“十四五”数字经济发展规划》中所强调的，数据资产管理需要“完整、准确、全面贯彻新发展理念”，这正是现有标准体系所体现的特点。标准体系的全面性确保了数据资产能够得到全面的管理和利用，如《数据资产价值评估标准》提供了一套评估数据资产价值的方法论，帮助相关机构和企业识别和量化数据资产的经济价值。此外，《数据治理标准体系框架》中的基础共性标准，为数据治理提供了一个全面的框架，包括术语、参考架构、通用要求等，这些都是确保数据资产全面管理的关键组成部分。然而，全面性也意味着标准体系需要不断地更新和完善，以适应快速发展的信息技术和不断变化的市场需求。这就要求标准制定者持续关注新的技术发展，如大数据、人工智能等，并及时将这些新技术的应用纳入标准体系中。

二是法规一致性。法规一致性是公共数据资产确认标准的另一个显著优点。现有标准与国家法律法规保持一致，这不仅确保了数据资产确认的合法性和合规性，而且为数据资产的法律地位和权益提供了坚实的保障。例如，《网络安全法》和《数据安全法》为数据安全管理提供了法律基础，而《个人信息保护法》则确保了个人数据的合法权益得到尊重和保护。这种法规一致性还体现在标准制定过程中对政策文件的响应和贯彻，如《关于构建数据基础制度更好发挥数据要素作用的意见》中提出的政策意图，标准制定者在制定相关标准时，必须确保这些标准与国家政策保持一致，以支持数据要素的合理流动和有效利用。

三是政策支持与引导。国家层面的政策为数据资产管理提供了坚实的法律基础和政策支持。例如，《"十四五"大数据产业发展规划》中提出的发展规划，为数据产业的发展指明了方向，并提供了政策上的支持。这些政策不仅确保了数据管理的规范性和权威性，而且有助于提升数据资产管理的专业性和系统性。政策的支持还体现在对数据资产价值实现的推动上，如《关于加快建设全国统一大市场的意见》中提到的，通过构建统一的市场环境，促进了数据资产的流通和交易，这为数据资产的评估和交易提供了政策上的支持和便利。

4.2.1.2 现有公共数据资产确认标准的可优化之处

一是官方复核缺失。尽管现有标准体系在全面性和法规一致性方面表现良好，但在官方复核方面存在不足。具体来说，现有标准体系缺乏对数据价值评估之后的官方机构复核模块。这意味着，尽管数据资产经过了评估，但其评估结果可能缺乏足够的权威性，这可能会影响到数据资产交易和流通的信任度。例如，在《数据资产价值评估标准》中，虽然提供了评估方法，但缺少了官方机构对评估结果的复核和认证，这可能导致评估结果在实际交易中的可信度受到质疑。为了解决这一问题，需要建立一个由官方机构负责的数据资产评估复核机制。这个机制应当能够对数据资产的评估结果进行独立的验证和认证，从而增强评估结果的权威性和可信度。同时，这也有助于提高数据资产交易市场的透明度和效率。

二是实施细节不足。现有标准体系在实施细节方面也存在不足。虽然标准体系提供了关于数据产权与收益分配的指导，但在具体操作层面，如权属登记流程、评估方法等，可能需要更详细的实施细则来指导实践。例如，《数据资产权属登记标准》中可能规定了权属登记的基本原则，但具体的登记流程、所需材料、审核机制等细节可能不够明确，这给实际操作带来了一定的困难。为了克服这一缺点，需要进一步细化和完善相关标准的操作细节。这包括制定清晰的操作流程、明确的申请条件、具体的审核标准等，以确保标准能够在实践中得到有效执行。此外，还应当提供相应的培训和指导，帮助相关机构和个人理解和掌握这些标准。

三是权属有待明晰。在数据资产权属登记方面，现有标准体系面临权属界定的挑战。特别是在数据的跨界流动和多方参与场景中，权属的明确界定成为一个难题。例如，当数据资产在不同的平台和机构之间流动时，确定数据的所有权和使用权可能会变得复杂。此外，多方参与的数据项目中，如何合理分配数据资产的权益也是一个需要解决的问题。为了应对这一挑战，需要制定统一的权属界定标准。这些标准应当明确数据资产的所有权、使用权、收益权等，以及在不同情况下权属的划分原则和方法。同时，还需要建立相应的争议解决机制，为权属争议提供有效的解决途径。通过这些措施，可以增强数据资产权属的明确性和可操作性，促进数据资产的合理流动和有效利用。

4.2.2 现有公共数据资产流通管理标准的已有成效和可优化之处

4.2.2.1 现有公共数据资产流通管理标准的已有成效

一是市场化推动。市场化推动是公共数据资产流通管理标准的一个重要优势。通过《探索建立数据要素流通规则》等文件的制定，为数据要素的市场化配置提供了明确的指导和规范，这有助于实现数据资产的高水平应用，并促进其经济价值的实现。文件中提到的“推动数据要素市场化配置和高水平应用”，体现了政策层面对数据流通市场化的重视和推动。这种市场化的推动，不仅有助于提高数据资产的流动性和交易效率，还能够激发市场活力，促进数据资产的创新和增值服务。例如，在《“数据要素 ×”三年行动计划（2024～2026 年）》中，进一步强调了数据要素在数字经济中的关键作用，并提出了具体的行动计划，以推动数据要素与劳动力、资本等其他要素的协同，提高全要素生产率。

二是数据安全保障。数据安全保障是流通管理标准的另一个显著优点。《工业和信息化领域数据安全管理办法（试行）》等文件提供了数据安全管理的具体措施，强调了数据安全的重要性，并确立了数据保护的基本原则和措施。这些措施包括但不限于数据的分类、数据传输的安全性要求、数据存储的安全防护等，确保了数据在流通过程中的安全。通过这些规范的制定和实施，可以有效地防止数据泄露、滥用和未经授权的访问，保障了数据资产的安全性和完整性。此外，数据安全保障还涉及对数据安全事件的应急响应和处置，以及对数据安全风险的持续监测和评估，从而构建了一个全面的数据安全管理体系。

三是促进数据共享。各级规范鼓励数据共享与开放，这有助于打破“信息孤岛”，提高数据资源的透明度和可用性。《关于加强数据资产管理的指导意见》中提出的建立合规高效、场内外结合的数据要素流通和交易制度，就是促进数据共享的具体体现。数据共享的推动，不仅能够促进政府部门之间的协作，还能够激发社会各方面对数据资源的创新应用，从而推动经济社会的发展。例如，通过数据共享，企业可以更好地了解市场需求，优化产品和服务；研究机构可以利用共享数据进行科学研究，推动知识创新。

4.2.2.2 现有公共数据资产流通管理标准的可优化之处

一是隐私保护挑战。隐私保护是流通管理中面临的一个重大挑战。随着数据流通的增加，个人隐私泄露的风险也在上升。虽然现有规范中提到了数据安全的重要性，但在隐私保护的具体措施方面，可能还需要进一步加强。《中华人民共和国个人信息保护法》等相关法律法规为个人信息保护提供了基础，但在数据流通的实际操作中，如何确保个人信息不被滥用，仍然是一个需要解决的问题。为了应对这一挑战，需要制定更加详细和具体的隐私保护措施，包括但不限于数据的匿名化处理、隐私影响评估、隐私保护的设计原则等。同时，还需要加强对数据使用者的监管，确保他们在数据使用过程中严格遵守隐私保护的相关规定。

二是技术对接有待提升。不同系统和平台之间的数据对接存在技术障碍，这可能会影响数据流通的效率和效果。为了解决这些问题，需要进一步制定技术标准和服务接口规范，以确保不同系统之间的兼容性和互操作性。《工业和信息化领域数据安全管理办法（试行）》等文件虽然提供了数据安全管理的指导，但在技术对接方面的具体指导可能还不够充分。因此，需要相关部门和行业组织共同参与，制定统一的技术标准和接口规范，以降低技术对接的难度，促进数据的顺畅流通。

三是流通规则有待细化。虽然现有规范提出了数据要素市场化配置的总体框架，但在具体的交易流程、争议解决机制等方面，可能还需要更详细的规则来指导实践。《探索建立数据要素流通规则》等文件虽然为数据流通提供了基础，但在操作层面的具体规则制定上，仍有待进一步完善。为了提高规范的有效性，需要对数据流通的各个环节进行细化，包括数据的定价机制、交易流程、争议解决、违约责任等。这些细化的规则应当既符合市场规律，又能够保护各方的合法权益，确保数据流通的公平性和透明性。通过这些细化规则的制定和实施，可以为数据要素的市场化配置提供更加明确和可操作的指导。

4.2.3 现有公共数据资产运营标准的已有成效和可优化之处

4.2.3.1 现有公共数据资产运营标准的已有成效

一是监督与管理具有指导作用。《关于加强数据资产管理的指导意见》等规范性文件为数据资产的监督与管理提供了明确的指导，这有助于规范数据资产的运营行为，确保数据资产的合规使用和有效管理。文件中提到的“构建‘市场主导、政府引导、多方共建’的数据资产治理模式”，强调了在数据资产管理中多方参与和共同治理的重要性。这种监督与管理不仅涉及数据资产的合规性，还包括对数据资产运营过程中的风险控制和质量保证。通过明确的管理职责和流程，可以提高数据资产运营的透明度，降低运营风险，同时也为数据资产的评估和交易提供了可靠的基础。

二是会计处理进一步规范。《企业数据资源相关会计处理暂行规定》为数据资产的会计处理提供了规范，这增强了数据资产运营的透明度和合规性。文件中指出，需要“规范企业数据资源的会计处理，强化相关会计信息披露”，这表明会计处理规范的目的是确保数据资产的价值能够被准确计量和反映，从而为投资者和其他利益相关者提供可靠的财务信息。会计处理规范的建立，有助于解决数据资产在财务报表中的确认、计量和报告问题，这对于提高企业财务报告的质量和公信力具有重要意义。同时，这也有助于企业更好地管理和利用数据资产，实现数据资产的价值最大化。

三是对数据资产价值评估有指导。相关标准体系推动了数据资产评估标准和制度的建设，这有助于规范数据资产价值评估，为数据资产的交易和运营提供了依据。文件中提到的“推动数据资产评估标准和制度建设”，显示了对数据资产评估重要性的认识。数据资产评估不仅可以帮助企业了解其数据资产的价值，还可以为数据资产的交易、投资和融资等活动提供重要参考。通过评估，可以确定数据资产的市场价值，为数据资产的买卖双方提供一个公平的交易基础。

4.2.3.2 现有公共数据资产运营标准的可优化之处

一是标准的市场适应性不足。现有规范可能缺乏足够的灵活性来适应快速变化的市场需求。《关于加强数据资产管理的指导意见》等文件虽然提供了管理指导，但在实际操作中，可能需要更加灵活和动态的规范来应对市场的不断变化。为了提高市场适应性，运营标准需要不断地更新和调整，以反映市场的最新趋势和技术的发展。这可能涉及对数据资产的分类、评估方法、交易机制等方面的调整，以确保规范能够满足市场的实际需求。

二是资产利益分配标准机制有待明确。在多方参与的数据资产运营场景中，需要有一个清晰和公平的利益分配机制来确保各方的权益得到合理的保障。然而，现有规范可能没有提供足够的指导来明确利益分配的具体方法和原则。为了解决这一问题，需要进一步明确运营中的利益分配机制，包括利益分配的原则、方法和程序。这可能需要通过制定更加详细的规范或指导性文件来实现，以确保在数据资产的运营过程中，各方的利益能够得到公正和合理的分配。

三是评估与运营有效衔接不足。缺乏官方机构复核的数据价值评估可能与实际运营决策脱节，这可能影响整体运营效率和数据资产的市场表现。《企业数据资源相关会计处理暂行规定》等文件虽然提供了会计处理的规范，但在数据资产评估与运营决策的衔接方面，可能还需要进一步加强。为解决评估与运营脱节的问题，需要建立一个更加紧密的评估与运营反馈机制。这可能涉及对数据资产评估方法的改进，以及对评估结果的应用和监控。同时，也需要加强官方机构在数据资产评估中的作用，确保评估结果的准确性和可靠性，从而为运营决策提供有力的支持。

4.2.4 现有公共数据资产技术标准的已有成效和可优化之处

4.2.4.1 现有公共数据资产技术标准的已有成效

一是技术框架与规范具有引领作用。一系列关于公共数据资产技术的标准文件为数据资产的技术处理提供了明确的框架和规范。这些标准不仅涵盖了数据采集、存储、处理和分析的各个环节，还强调了数据的安全性和隐私保护。通过遵循这些技术标准，可以确保数据资产在技术层面的合规性和高效性，提升数据处理的准确性和效率。同时，这些技术标准也为数据资产的技术创新和升级提供了方向，推动了数据技术的不断进步。

二是数据处理技术得到优化。随着公共数据资产技术标准的不断完善，数据处理技术也得到了显著的优化。这些标准推动了数据清洗、整合、转换和挖掘等技术的创新和应用，使得数据能够更快速、更准确地被处理和利用。通过采用先进的技术手段，可以实现对数据资产的深度挖掘和分析，挖掘出数据背后的隐藏价值，为决策提供更加精准的支持。同时，这些优化后的数据处理技术也提高了数据处理的效率和稳定性，降低了数据处理过程中的错误率和成本。

三是数据安全与隐私保护得到加强。公共数据资产技术标准中对于数据安全和隐私保护的要求非常严格。这些标准规定了数据在采集、存储、传输和使用过程中的安全要求和隐私保护措施，确保了数据资产的安全性和隐私性。通过遵循这些技术标准，可以有效防止数据泄露、篡改和滥用等风险，保护个人隐私和商业秘密。同时，这些技术标准也推动了数据安全技术的创新和发展，为数据资产的安全保障提供了更加有力的支持。

4.2.4.2 现有公共数据资产技术标准的可优化之处

一是技术标准的创新性与前瞻性不足。随着技术的飞速发展，特别是人工智能、大数据、区块链等新兴技术的不断涌现，现有技术标准可能难以跟上技术创新的步伐。一些技术标准可能过于陈旧，无法充分适应新技术、新场景的需求。为了提高技术标准的创新性和前瞻性，需要加强对新技术的研究和跟踪，及时将新技术纳入技术标准体系，确保技术标准能够引领技术的发展方向。同时，也需要关注国际技术标准的动态，积极借鉴国际先进经验，提升我国公共数据资产技术标准的国际竞争力。

二是技术标准之间的协同性有待加强。在公共数据资产领域，涉及的技术种类繁多，技术标准之间可能存在交叉和重叠，甚至可能出现矛盾和不一致的情况。这种技术标准之间的不协同性可能导致数据处理的混乱和效率低下。为了优化技术标准之间的协同性，需要加强对技术标准体系的梳理和整合，明确各项技术标准之间的界限和关系，确保技术标准之间的互补性和一致性。同时，也需要加强技术标准之间的衔接和配合，形成一套完整、协调的技术标准体系，为公共数据资产的高效处理提供有力支持。

三是技术标准与实践操作的结合度不够紧密。现有技术标准可能过于理论化，缺乏与实际操作紧密结合的指导和规范。一些技术标准可能过于复杂或抽象，难以被实际操作人员理解和应用。为了提高技术标准与实践操作的结合度，需要加强对技术标准的解读和培训，确保操作人员能够准确理解和应用技术标准。同时，也需要加强对实际操作的调研和分析，了解操作人员的需求和痛点，将实践经验和技术标准相结合，形成更加实用、易操作的技术标准。此外，还可以通过建立技术标准与实践操作的反馈机制，及时发现和解决技术标准在实践应用中的问题，推动技术标准的不断完善和优化。

第5章

研究结论

本书围绕公共数据资产的标准研究，深度分析公共数据如何成为资产、如何运营使用资产、如何分配资产收益、如何保障技术安全等方面，对于财政部数据资产管理而言具有极其重要的意义。通过公共数据资产标准的研究，以及建立健全与完善管理，不仅是其数据治理体系中的核心环节，更是推动财政工作现代化、智能化的关键驱动力。

5.1 公共数据资产确认方面

5.1.1 明确统一标准与指南

公共数据资产是发挥数据生产要素价值的重要组成，需要得到全社会熟知与认可。财政部作为公共数据资产的主要管理部门，通过制定统一的数据资产标准体系、确认流程和行动指南，进一步明确数据资产确认规则和工具，提升数据资产的管理水平；同时通过对相关政策的宣导与应用，一方面面向公众普及数据资产相关政策，提升公众认知能力；另一方面明确数据资产确认规则，提升全社会公共数据应用积极性和创新能力，实现数据要素价值最大化。

5.1.2 提升资本市场认可度

公共数据资产作为资产的新类型，应该与固定资产、流动资产和其他无形资产一样，具备很高的变现和增值能力。财政部是公共资产管理和宏观经济调控的主要部门，需要着眼于数字经济发展需要，结合公共数据资产特点，联合相关金融管理部门，出台数据资产确认方案、资本化指南等制度，获得资本市场认可，有效激发公共数据资产活力。

5.2 公共数据资产流通方面

5.2.1 理清公共数据分类分级标准

公共数据涉及公共安全和人民福祉，需要特别重视。财政部通过制定数据分类分级标准，明确数据的类型和敏感度，以便进行有效的管理与保护。首先，按照数据的重要性、敏感性和用途，建立多层次的数据分类框架，区分公共数据、企业数据、个人数据等不同类别。其次，根据数据对国家安全、经济发展和社会民生的影响，设置分级标准，如核心级、重要级和一般级，确保不同等级的数据有针对性的保护措施。最后，通过统一的分类分级标准，财政部能够理清数据资产管理的脉络，推动数据要素的高效利用与安全流通。

5.2.2 促进公共数据资产市场化

财政部需要明确公共数据资产市场化方案，制定数据安全和隐私保护相关策略，以试点形式逐步推动公共数据资源的市场化。一方面健全公共数据交易体系，设立公共数据交易平台，明确平台工作职能和监管要求；另一方面鼓励公共数据与社会资产的高效对接，支持企业基于公共数据资产的创新和应用，鼓励数据资产化产业发展，激发数据要素市场价值，为经济发展提供新动能。

5.3 公共数据资产运营方面

5.3.1 规范定价和交易机制

数据要素和数据产品作为新型的资产，发挥价值的关键点在于数据资产的定价和交易。作为国家财富的管理者，应该明确公共数据资产的定价机制和交易机制，包括以下内容：一是对定价主体的准入要求、责任和义务及相关制度等，确定定价主体能够合法合规开展数据定价工作；二是要明确定价对象的基本类型、特点、定价组成、定价依据和定价来源，规范数据行为；三是要明确公共数据交易机构，理清交易机构职能、业务范围、保障措施和管理制度等，促进公共数据公平、安全、高效交易；四是要设置合理的数据资产监督检查机制，对公共数据资产的定价、交易、使用、销毁等进行全链路跟踪管理，既要规范数据交易过程，又要保障数据安全合法使用。

5.3.2 保障主体各项权益

国家高度重视数据要素价值的发挥，2022 年 12 月 19 日印发《中共中央、国务院关于构建数据基础制度更好发挥数据要素作用的意见》，其中重点强调了数据主体的数据资源持有权、数据加工使用权和数据产品经营权，以规范数据要素主体的权益和义务。对于公共数据资产权益保护方面，应该结合国家政策要求，进一步细化公共数据资产主体的权益，在分类分级基础上，明确公共数据的访问权、共享权、使用权等权属。重点围绕公共数据的收益分配权益进行研究和探索，编制和试行公共数据资产收益分配制度、监督原则；同时配套出台相关财政和税收政策，激发公共数据持有、运营和加工单位，释放公共数据资产价值。

5.4 公共数据资产技术保障方面

5.4.1 建立公共数据技术框架和流程

基于公共数据管理、共享、安全与应用需要，结合数据隐私保护和数据传输要求，建立规范的公共数据技术框架，包含数据标准化体系、技术框架、数据共享策略等内容，打通数据采集、存储、处理、共享、安全与应用等环节。同时，数据安全和隐私保护是关键，采用加密、访问控制等技术保障数据安全。在应用层，利用大数据、人工智能等技术开发智能化服务，支持政策决策和公共服务优化。通过这一系统性框架，能够实现公共数据的高效管理、安全保障和价值最大化。

5.4.2 构建全国一体化技术服务平台

基于公共数据管理和应用需求，建议构建基于云计算、大数据和智能计算技术的服务平台，形成统一管理、分级部署、跨域协同的架构。通过数据标准化管理、分布式存储和大数据处理，实现高效的数据共享与应用，并通过区块链、隐私计算等技术确保数据安全。平台提供政府服务、社会服务和公众服务，支持政府决策、企业创新和公共服务优化，全面提升数字治理能力，推动社会创新和智慧城市的发展。

参考文献

［1］“地方数据规范”对比分析报告之公共数据篇［EB/OL］. 零壹财经. https：//www. 163. com/dy/article/H3AKG8P905198086. html.

［2］财政部.《关于加强数据资产管理的指导意见》（财资〔2023〕141 号）.

［3］中共中央 国务院关于构建更加完善的要素市场化配置体制机制的意见. https：//www. gov. cn/zhengce/2020 – 04/09/content_5500622. htm.

［4］中共中央 国务院关于构建数据基础制度更好发挥数据要素作用的意见. https：//www. gov. cn/zhengce/2022 – 12/19/content_5732695. htm.

［5］中共中央办公厅 国务院办公厅关于加快公共数据资源开发利用的意见. https：//www. gov. cn/gongbao/2024/issue_11666/202410/content_6983475. html.

［6］浙江省公共数据条例. http：//nynct. zj. gov. cn/art/2022/6/24/art_1229564739_2409264. html.

［7］广东省公共数据管理办法. http：//www. gd. gov. cn/zwgk/wjk/qbwj/yfl/content/post_3584932. html.

［8］北京市公共数据专区授权运营管理办法. https：//

www. beijing. gov. cn/zhengce/zhengcefagui/202312/t20231211 _ 3496032. html.

［9］上海市数据条例 . https：//www. shanghai. gov. cn/nw12344/20211129/a1a38c3dfe8b4f8f8fcba5e79fbe9251. html.

［10］江苏省公共数据管理办法 . http：//www. jiangsu. gov. cn/art/2021/12/24/art_46143_10224944. html.

［11］山东省公共数据开放办法 . http：//bdb. shandong. gov. cn/art/2023/7/21/art_329232_10316153. html.

［12］促进大数据发展行动纲要 . https：//www. gov. cn/gongbao/content/2015/content_2929345. htm.

［13］GB/T 36344——2018 信息技术数据质量评价指标 . https：//ictbda. com/upload/default/20231214/d418806a417426f0bd3f2e3471f 66665. pdf.

［14］GB/T 36073——2018 数据管理能力成熟度评估模型 . http：//www. als. gov. cn/attach/0/a174ef0b93ed464587698c0aace4ba8b. pdf.

［15］全国信标委大数据标准工作组 . 大数据标准化白皮书（2023）. https：//baijiahao. baidu. com/s? id = 1768591015831913501&wfr = spider&for = pc.

［16］中国信息通信研究院 大数据白皮书（2022 年）. http：//www. caict. ac. cn/kxyj/qwfb/bps/202301/P020230104388100740258. pdf.

［17］DAMA International. The DAMA guide to the data management body of knowledge ［M］. Beijing：Tsinghua University Press，2012.

［18］史丛丛，张媛，赵一新 . 数据要素标准体系建设研究

[J]. 信息通信技术与政策，2023，49（04）：16－21.

[19] 中国标准化研究院. 标准体系构建原则和要求：GB/T 13016－2018 [S].

[20] 赵莹，徐羽佳. 北京市大数据标准体系建设研究 [J]. 中国标准化，2022（11）：103－107.

[21] 陈韬，马平男. 基于分类分级的银行数据资产安全管理体系设计 [J]. 信息与电脑（理论版），2023，35（20）：130－132.

[22] 张群，尹卓，王为中，等. 我国大数据标准化发展历程与展望 [J]. 信息技术与标准化，2023（07）：52－60.

[23] 国家发展改革委.《国家数据标准体系建设指南》（发改数据〔2024〕1426号）.

[24] 李雨霏，刘海燕，闫树. 面向价值实现的数据资产管理体系构建 [J]. 大数据，2020，6（03）：45－56.

[25] 王华，曹扬，韩国权，等. 全国一体化大数据中心标准体系研究 [J]. 中国标准化，2023（S1）：108－115.

[26] 戴炳荣，闭珊珊，杨琳，等. 数据资产标准研究进展与建议 [J]. 大数据，2020，6（03）：36－44.

[27] 付怡文，谭雪. 数字经济背景下数据资产的交易管理体系研究 [J]. 商业会计，2023（20）：18－23.

[28] 王鹏. 信息资源数字化标准体系建设 [J]. 信息技术与标准化，2023（09）：7－10，20.